和ごころ、こと始め。

日本のたしなみ帖

Can you introduce the charm of Japan?

sakura

桜

春を告げる日本の象徴

自由国民社

さくら繚乱

Illustration by Mieko Ishikawa

毎年毎年、
みんなが心待ちにしているのです

染井吉野《そめいよしの》

桜といえば、この種類を思い浮かべる人も多いのでは？　卒業式や入学式の思い出に重なって懐かしさもあり、切なさもあり。

艶やかな存在感を放つ、
ちょっと小悪魔テイスト

関山《かんざん》
やや紫を帯びた濃い紅色の八重咲きで、花弁はぽってりグラマラス。ぱっと人目をひく華やかさは、セレブリティのようなゴージャス感。

梅護寺《ばいごじ》数珠掛桜《じゅずかけざくら》

新潟県阿賀野市の梅護寺に原木があり、浄土真宗の宗祖・親鸞が数珠をかけた桜から数珠のような花が咲いたとの言い伝えがあります。

可憐でキュートな花弁を
ゆらゆら風に揺らせて

何かを語りかけているように、
ミステリアスに舞い踊る

枝垂桜《しだれざくら》

その名の通り枝が下に伸びるため、花が滝のごとく降ってくるよう。奥ゆかしいのに、どこか妖艶さも漂わせる、大人っぽい桜。

凛とした姿は清々しく、
まっすぐ心に飛び込んで

鬱金《うこん》

淡い黄緑色の花びらが、ウコンの根から染まる鬱金色に似ているところから命名されたそう。散る間際は花弁の中心部が紅くなります。

うつむきかげんに、
けなげさを感じてしまう

オカメ

イギリスの桜研究家イングラムがカンヒザクラとマメザクラを交配して作った園芸品種。日本の愛嬌美人〝おかめ〟からその名が。

シンプルで洗練された佇まいは、
まさにクールビューティー

エドヒガン

和名は春の彼岸の頃に咲くことに由来。「江戸彼岸」「彼岸桜」とも表記され、神社や寺院に植えられていることが多いようです。

万葉の時代より
日本人に愛され親しまれて

ヤマザクラ

関東や関西の雑木林でよく見かけることができる、身近な種類のひとつ。なんだかほっとさせる、そんな大らかさと包容力があります。

はじめに

「今日、○○地方で桜の開花宣言が発表されました」

桜のニュースを耳にすると、私たちは春の訪れを意識します。雛祭りやキンモクセイ、竹の子なども春を感じさせてくれますが、いちばんが「桜」であることは誰もが納得するところではないでしょうか。

つぼみから満開、そして散りゆくまで折々の表情をみせる桜。その姿に思いを寄せたり、心の移ろいを綴ったり、あるいは食事を囲んでおしゃべりしたり…、古くから豊かな時間を楽しんできた日本人。そんな遠い昔の記憶を辿りながら、現代へ続く桜の旅を本にしました。

第一章では「識る」と題して、桜が親しまれてきた歴史にはじまり、文学や古典芸能から桜にまつわる名作をご紹介。第二章「巡る」では桜の名所・名木を誌上案内し、第三章ではいただく・愛用するなど「愛でる」桜を。日本人がどれほど桜を愛してきたかを知ることは、日本の伝統文化や美意識を理解すること。ぜひ、日本をもっと知ってください。

Introduction

"The announcement was made today that the cherry blossoms have come into bloom in the XXX region."

Hearing news about the cherry trees makes us aware that spring has arrived. The Girls' Festival, the scent of fragrant olives, and the emergence of bamboo shoots also give us a sense of spring, but why is that everyone would agree that cherry blossoms are at the top of the list?

From bud to full bloom and then on to the scattering of its petals, the cherry blossom presents an ever-changing appearance. Reminiscing with affection about the blossoms, weaving together the changes of one's mood, or talking while gathered together around a meal—we Japanese have been enjoying the bounties of this moment since ancient times. This book is the record of a journey with cherry blossoms, one that makes it way through recollections of that ancient past and continues into the present day.

Chapter 1, "Shiru" ["To know"], begins with a history of this familiar affection for the cherry blossom as it presents noted works of literature and classical performing arts centering around the flower. Chapter 2, "Meguru" ["To tour about"], offers a guide to locations noted for their blossoms as well as noted trees, while Chapter 3, "Mederu" ["To admire"], discusses obtaining and treasuring them. To know just how much the Japanese people have come to love cherry blossoms is to understand their traditional culture and aesthetic sense. We encourage you to get to know Japan better.

目次

第一章

識る

日本人はなぜ桜が大好きなの？

吉野山図屏風《よしのやまずびょうぶ》
六曲一双《ろっきょくいっそう》（部分）

渡辺始興・江戸時代中期
奈良・吉野山は太古の昔より桜の名所でした。緑の山並みにヤマザクラが咲き誇っているさまは圧巻。

桜の歴史は花見とともに

解説＝小川和佑（国文学者・評論家）

日本人にとって特別な花、桜。春になればさまざまなメディアから桜の開花予想が毎日のように流れ、各地の花の様子も中継されます。こんな風に扱われる花は桜だけです。

もともと日本の桜は中国の雲南からやってきました。長江を流れ下った桜は黒潮に乗って日本に届き、各地の山々に自生します。やがて古代の王・履中帝《りちゅうてい》が桜をめでたい樹木とし、自分の宮を稚桜宮《わかさくらのみや》と称しました。これが日本の桜文化の始まりです。

古代日本人は春になれば美しい花を咲かせる山桜を見て、生命の尊さを詠いました。やがて平安で花開いた王朝文化の中で、桜の持つ清冽なる美がもてはやされます。武家政権の時代には、散りゆく桜の潔さが武士の心の琴線に触れました。日本人の桜への思いは時代とともに移ろいながらも、桜への愛情は途絶えることはありませんでした。

そういった日本人の桜への思いは、花宴や花見という行事によく示されています。ここでは花宴・花見の変化を通して、日本人の桜への思いの変遷をたどっていきましょう。

魔を防ぎ生命を言祝《ことほ》ぐ聖なる樹木

古代・飛鳥——平安時代

日本の文献で初めて「桜」が登場するのは、『日本書紀』の「履中紀」になります。

三年（四〇二）の冬十一月の丙寅《ひのえとら》の朔辛未《かのとのひつじのひ》（六日）に、天皇《すめらみこと》、両枝船《ふたまたぶね》を磐余市磯池《いはれのいちしのいけ》に泛《うか》べたまふ。皇妃《みめ》と各分《おのおのわか》ち乗りて遊宴《あそ》びたまふ

この遊宴の最中、履中帝の盃に桜の花びらがひとひら落ちてきました。疑問に思った帝は、原因の桜を探させます。やがて家臣が秋にもかかわらず咲いていた桜を腋上室山《わきのかみのむろのやま》に見つけ、その一枝を帝に奉じました。帝はたいへん喜び、宮居を稚桜宮と改めたのです。

第十七代天皇にあたる、この履中帝の宴が日本におけるもっとも古い桜の遊興の記録で、およそ5世紀頃の話になります。履中帝が季節外れの桜を喜んだことからも、それ以前に日本人が桜を愛でる心を持っていたことがわかります。古代、人々の目を楽しませた桜は、基本的に山に自生するヤマザクラの類でした。春になると美しく可憐な花をつけるヤマザクラを命芽吹く季節と結び合わせ、生命の信仰の対象としたであろうことは想像に難くありません。その証拠に、7世紀後半から8世紀にかけて成立したといわれる『万葉集』には、こんな歌が収録されています。

春雨に　争ひかねて　わが屋前《やど》の　桜の花は　咲き始《そ》めにけり（巻第十、一八六九）

民俗学者の折口信夫《おりくちしのぶ》氏の研究によれば、屋前の桜は災厄を遮る結界としての役目があったとされます。ここにも桜を聖なる樹として、信仰している様子が見て取れます。

しかし古代から奈良時代の日本では、桜よりも梅のほうが愛でられていました。先ほどの『万葉集』では桜の歌は44首であるのに対し、梅を詠んだ歌は118首もあります。梅への憧憬は、中国文化に大きな影響を受けていました。

やがて8世紀後半になると、次第に桜の地位が向上してきます。その最たる証拠が、東大寺の大仏建立で知られる聖武天皇の諡号《しごう》です。諡号とは、死後に生前の行ないを讃えて付けられる別名で、基本的によい字が使われます。その諡号に「天璽国押開豊桜彦天皇《あめしるしくにおしはらきとよさくらひこのすめらみこと》」と桜の字が使われていることから、人々が桜に神聖なイメージを持っていたことがうかがえます。

平安時代になって日本独自の国風文化が強まってくると、ますます桜が重用されるようになります。中でも桜を愛した天皇といえば、宮中で花宴を初めて開いた第五十二代嵯峨天皇が挙げられます。弘仁三（812）年、嵯峨天皇は神泉苑で盛大な花宴を開きました。以降、代々の天皇によって花宴が開催されるようになり、それは現在でも首相主催の園遊会として受け継がれています。なお、この頃の花宴は管弦を奏しながら酒をたしなみつつ桜を愛でる風雅なもので、現在の花見とは少々一線を画していました。

嵯峨天皇の後を継いだ仁明《にんみょう》天皇の治世では、紫宸殿《ししんでん》の梅が桜に植え替えられます。紫宸殿

寝覚物語絵巻《ねざめものがたりえまき》　第一段

平安時代後期・国宝
王朝物語『夜半（よわ）の寝覚』を題材とした絵巻。残存する物語の後半の一部に、桜が描かれています。

は天皇元服や立太子《りったいし》などの儀式が行われる正殿で、宮中の中心となる場所。現在ではひな人形の飾り方でも〝右近の橘《たちばな》、左近の桜〟とあるので少々意外かもしれませんが、延暦十三（794）年に桓武天皇が平安京に遷都した際には、紫宸殿の前には橘と梅が植えられていました。けれど、その梅が承和《じょうわ》年間（834～848年）に枯れたので、当代天皇だった仁明天皇が桜を植えたという記述が説話集の『古事談《こじだん》』などに見られます。大切な天皇の儀式殿の前に植えるのですから、桜を尊ぶようになった日本文化の影響が見て取れます。

9世紀後半になると、文化の中心は貴族に移ります。やがて貴族の中で藤原氏が台頭し、摂関政治という形に落ち着きました。藤原氏の保護のもと、きらびやかな王朝文化が花開いたのです。王朝文化の担い手にとって、桜はまたとないモチーフでした。『古今和歌集』や『新古今和歌集』、『枕草子』さらに『源氏物語』など、世界に名だたる古典文学の多くが桜に触れています。これについては次章で詳しく述べましょう。

ではなぜ、ここまで桜を愛でる文化が根付いたのでしょうか。前述のように、桜には災厄を払う力があるとされました。それには桜の持つ清らかな美しさが関係しています。物忌《ものい》みや方違《かたたが》えといった風習にも見られるように、平安時代の貴族たちは穢《けが》れを大変恐れていました。血や死の不浄は何よりも忌むべきものでした。災厄を払う桜の清らかな美しさは、こうした不浄をも払う効果があるとされ、やがて強固な桜信仰へとつながっていったのです。こうして桜は人々の間に「美しく清らかなるもの」として定着しました。

聖なる花宴から娯楽としての花見へ

中世――戦国時代

平安時代末期から始まった武士の台頭。まず最初に頭角を現したのは平清盛を統領とする平家でした。しかし平家の隆盛は長く続かず、代わって源頼朝率いる源氏が勢力を拡大していきます。建久三（１１９２）年、平家を滅ぼした頼朝は、鎌倉に初の武家政権を確立しました。これにより、京都の貴族・宮廷文化と東の武家文化の２つの潮流が生まれます。

この頃になると乱れた世相を反映してか、知識人の間で広まったのが〝無常観〟です。簡単に言えば〝この世界の現象すべては生滅を繰り返していて、留まることなくつねに変遷している〟という思想で、仏教からきたものです。この無常観をもっともよく示している作品が「祇園精舎《しょうじゃ》の鐘の声　諸行無常の響きあり～」で始まる『平家物語』といえるでしょう。平安末期から鎌倉時代にかけて、吉田兼好の『徒然草』や鴨長明の『方丈記』など随筆の名作が数多く生まれますが、これらの作品に共通していたのも〝無常観〟でした。そしてこの無常観と、はかなく散りゆく桜はとてもよくシンクロしたのです。

この時期、桜を心から愛でた僧侶歌人に西行がいます。西行は俗名を佐藤義清《のりきよ》といい、藤原氏に連なる下級武士でした。23歳で出家し、全国を旅しながら和歌を詠みました。中でも多かったのが桜の歌です。源平の争いや貴族の闘争を目の当たりに見てきた西行にとって、

嵐山蒔絵櫛《あらしやままきえくし》 ◉江戸時代

京都を代表する観光スポットのひとつ、嵐山。古くから桜の名所でも知られ、満開の光景が渡月橋や川とともにも描かれています。

流水桜蒔絵櫛《りゅうすいさくらまきえくし》 ◉江戸時代

流れる水に桜の枝を表して。ひょうたんもあしらい、花見を彷彿とさせます。どんな高貴な女性が愛用していたのでしょう。

清冽な美しさを持つ桜は憧憬の対象だったのです。

西行が最も愛したのは奈良・吉野山の桜でした。歌集『山家集《さんかしゅう》』でも60首あまりが吉野の桜の歌です。一方、吉野の桜は王侯貴族の栄華の象徴でもありました。武士階級に実権を奪われていた王侯貴族にとって、それはまさに往年の日々を思い出させるキーアイテム。吉野の桜を愛でた西行の歌を貴族階級の知識人が絶賛したのも納得がいきます。もっとも西行に貴族の思惑などは関係なく、ただ桜を愛した結果だったのですが。

さて、知識人たちが桜と無常を結びつける一方、花見は一般人にも浸透し始めていたようです。兼好の『徒然草』にこのような一文があります。

かた田舎の人こそ、色こく、よろづはもて興ずれ。花のもとにはねぢより、立ちより、あからめもせず　まもりて、酒飲み、連歌して、はては、大きなる枝、心なく折りとりぬ

兼好法師が、花を肴にして酒を飲んだり、どんちゃん騒ぎする花見を嫌っていたことがわかります。「花は盛りに、月はくまなきをのみ見るものかは……」と論じた兼好法師だからこそ、このような世俗的な花見には批判的だったのでしょう。さらに、この一文からは、平安時代には宮中行事や貴族のたしなみだった花宴が、鎌倉時代には花見として地方の下級武士にまで広がっていたことも読み取れます。

そして、戦国時代を経て、花見はさらに変化を遂げます。軍記物『太平記』では、婆娑羅《ばさら》大名・佐々木導誉《どうよ》の花見についての描写があります。要約すると、

「政敵・斯波高経《しばたかつね》が京都御所で花見の宴を開いた同じ日、導誉は大原山で派手派手しい大宴会を開催した。巨大な4本の桜に巨大な花瓶を鋳《い》掛けて活け花に見立てたり、高価な香を一斤《きん》も炊きあげたりした導誉の花見は、人を狂わせるようだった」

兼好の好んだ花見とはまったく反対ですが、『太平記』の著者は導誉の花見を絶賛しており、人々は驚きつつも「花見は豪華で楽しいものなのだ」と受け入れたのでしょう。

この導誉の花見は、戦国時代末期の豊臣秀吉によって一回り華美になって蘇りました。文禄三（1594）年の吉野の花見、慶長三（1598）年の醍醐《だいご》の花見です。

醍醐の花見では、下醍醐から上醍醐にいたるまで全山に畿内の桜を移植させ、参加の諸大名たちに参道各所におのおの工夫を凝らした花見茶屋をもうけさせたのです。ステータスを示すためにも、諸大名はさぞかし力を入れたことでしょう。花見はそれは盛大に行われ、大名の供についていた諸士たちまでも魅了しました。彼らは国許《くにもと》に帰ってからも、花見の美しさ、楽しさを周囲に繰り返し伝えます。こうして花見は楽しいものだということが全国に広まっていったのでした。この流れは平和になった江戸時代でさらに強まります。

平安時代、花宴は天皇中心の宮中行事の一環であり、豊穣と太平を祝う聖なる宴でした。しかし、それが武士階級の導誉や秀吉の豪華な演出により、楽しさ優先のエンターテインメントに変化しました。聖なる「花宴」が、季節の行楽である俗な「花見」に取って変わったのです。次の江戸時代になって、町人たちの手により花見が一般大衆向けの娯楽として定着します。その素地は、導誉や秀吉によって作りあげられていました。

太平の世、庶民にも花見が大流行

江戸時代

秀吉の命で関東へ国替えになった徳川家康は、江戸城と城下町の開発にあたります。この時、家康は大規模な桜の植樹を行いました。もともと江戸の地にはヤマザクラやエドヒガンが自生していたと思われます。家康は上野から谷中にかけての段丘の自生の桜を保護し、三河や伊勢から呼び寄せた御用商人に、江戸郊外の浅草・浅茅ガ原に多数の桜を植えさせました。これが浅茅ガ原の千本桜で、のちに江戸の春の一大遊楽地となりました。

こうした家康の動きを見ても、都には桜が必要だという権力者たちの思いが見てとれます。家康も秀吉の開いた吉野の花見、醍醐の花見に感銘を受けていたのかもしれません。残念ながら浅茅ガ原の千本桜は、江戸が膨張するに伴って町屋となり姿を消しましたが、春になれば花見という図式は江戸の庶民に深く根付いていきました。

三代将軍家光の治世になると、経済基盤が整って街は徐々に発展します。そんな中で、次第に生活の安定してきた江戸庶民が、季節の娯楽として花見を楽しむようになるのは当然でしょう。江戸の花見の最盛期は、五代将軍綱吉の時代です。この頃、上方の町人や武士階級を中心に、元禄文化が花開きます。朱子学、自然科学、古典研究が発展し、文化面では尾形光琳や本阿弥光悦らが活躍し、芭蕉の『奥の細道』や井原西鶴の『好色一代男』もこの時期に書かれました。竹本義太夫の人形浄瑠璃、市川團十郎らの歌舞伎が人気を博します。

中でも従来の桜のイメージを変えたのが、歌舞伎でした。例えば、「仮名手本忠臣蔵《かなてほんちゅうしんぐら》」の「判官切腹」シーンでは舞台に桜が散ります。劇中の台詞「花は桜木 人は武士」とともに、人々に散り際に潔さを求める〝武人の桜〟を深く印象づけました。古代で桜に投影されていた聖なる女人の面影が、清廉潔白な武人の桜に切り替わったのです。桜=武人というイメージは、のちの明治時代になってさらに強まっていくことになります。

やがて元禄の華やかな文化は江戸にも伝わり、活況を呈していきます。にぎやかで楽しい花見は豪華絢爛な元禄文化ともよく合っていたのです。また、全国から人が集まる江戸において、花見は人々を融和させ〝江戸の住人〟としての一体感を生み出す役割も担っていました。幕府が桜を植樹し、花見を推奨した背景にはこのような理由もありました。

八代将軍吉宗の頃には財政悪化に伴い、厳しく節制が説かれるようになっても、桜に対しては適用されませんでした。向島・飛鳥山・小金井の桜は、この頃に治水と緑化のために植えられたものです。それらはそのまま江戸の花見スポットとなりました。当代人気の浮世絵画家・歌川広重の美人画にも向島の花見を描いた作品があります。

十一代将軍家斉の治世には、「花見の仇討」「長屋の花見」といった花見をテーマにした落語も生まれます。庶民が知らない題材を落語にはできませんから、これも庶民の間で花見がすっかり定着した証拠でしょう。桜の名所・飛鳥山では花見会場ににわか芝居まで登場していたそうですから、盛況の程がわかります。これが第二の花見最盛期です。

白《しろ》綸《ぬめ》地《じ》枝垂桜《しだれざくら》花笠《はながさ》模様《もよう》
染縫《そめぬい》小袖《こそで》 ◉江戸時代

枝垂桜と花笠の豪華な着物。江戸の世になると、花見の広まりとともに、日本のあらゆる意匠に桜文様が取り入れられていきます。

庶民にとって花見はカーニバルだった
明治——昭和そして現代へ

幕末から明治維新までの動乱期に突入すると、先に述べた「花は桜木 人は武士」の精神がますます尊ばれるようになります。それを体現したのが、命を賭《と》して自分の信念を通した幕末の志士たちでした。これにはこの頃、爆発的に増えていった桜の新品種・染井吉野も大きく関係しています。染井吉野は花の咲く期間が短く、その分散りゆく花弁が美しい、散り際の印象の強い桜でした。美しい散り際、そして潔さが幕末の志士や明治の軍人たちに深く愛されて、全国に広まっていったのです。

そんな染井吉野が全国を席巻する一方、数を減らすヤマザクラに郷愁を覚えた人々もいました。若山牧水はふるさとのヤマザクラを思った和歌を数首残しています。

激動の明治期、欧米列強に並ぶために日本は意識を変革せざるを得ませんでした。その中で、桜も軍国のイデオロギーの象徴となりました。このイメージ戦略を実施したのは、当時の軍政の最高責任者であった山県有朋と旧長州藩士だったといわれています。古代、生命を言祝ぐ聖なる花として愛でられた桜は、殖産興業・富国強兵の象徴となってしまいました。

この頃、花宴が復活しています。東京遷都後、明治天皇が初めて行った花宴は、徳川慶喜の弟・昭武の邸宅への行幸でした。明治八（１８７５）年のことです。また、江戸時代になって途絶えていた宮中花宴も明治十四（1881）年に復活しています。すべて天皇の地位を強化するためでした。この時の花宴の引き出物になったのが、銀座木村屋が考案した「桜あんぱん」です。明治から大正にかけ、花宴は春の園遊会に形を変えて続けられました。

では、庶民はどんな花見をしていたのでしょうか。ドイツ人の医学者エルヴィン・ベルツの書き残した『ベルツ日記』には明治十二（1879）年の花見の様子が記されています。中でもベルツは花見衣装の娘たちが気になったようで「鮮やかな絹の着物、風雅な変化に富む色彩の配合、白く化粧した顔」と詳しく書き綴っています。美しく着飾った娘たちが桜を見上げながらそぞろ歩き——ベルツの心引かれた花見は、そのような風雅なものでした。

かつて江戸時代の花見は猥雑で俗なものでした。けれど、そこには〝花見の日ぐらい羽目を外したい〟と日常からの脱却を願う庶民の思いがありました。明治時代、ベルツが見た娘たちも日頃の地味な格好を脱ぎ捨て、今日を盛りと着飾っていました。彼女たちにとって〝花見は特別な日〟だったことがわかります。江戸も明治も、庶民にとって花見は日常を忘れられる一種の〝カーニバル〟でした。

昭和に入ると軍国主義が強まり、桜への賛歌もいや増していきました。その反動で、戦後しばらくは桜が伐採されるという事態にもなりました。しかし、昭和の復興期、桜は見直され、各地で花見の宴も開かれるようになりました。現在の花見は江戸の最盛期に負けず劣らずの賑わいを見せています。古代の人々が桜に見いだした信仰は、日本人に風俗行事として根付きました。桜を愛でる心は形を変えながら、日本人にずっと寄り添ってきたのです。

御殿山《ごてんやま》花見之図
歌川広重(初代)
1847~1848年頃
江戸時代の桜の名所・御殿山(現・東京都品川区北品川付近)。江戸っ子たちが好んだ、桜の五大名所のひとつとされました。

植物としての桜

植物学からみた桜ってどんな存在？　意外と知られていない桜の真実に迫ります。

文（P36〜39）＝勝木俊雄（森林総合研究所 主任研究員）

形態

落葉性の樹木で、ふつう5枚の花弁と1本の雌しべ、多数の雄しべをもつ両性花が特長。花弁の基部にある萼《がく》は、萼筒と5枚の萼裂片に区分される。果実の中にひとつの堅い種子がある。葉は縁に細かな鋸歯をもったものが多く、葉身の基部か葉柄に蜜線がある。近縁のウメやモモとは萼の基部から伸びる花柄が長いことから区別できる。

分類

植物分類学で用いる種という単位だと世界に約100種、日本に10種が分布している。種によって形態や生態、分布が異なる。これに対し栽培品種は人が主観的に区別するもので、時代や地域によってその数は大きく変化する。数百もの名称が記録されているが、実際に商品として広く流通している栽培品種は100に満たない。

分布

北半球の温帯に広く分布。ヤマザクラは南東北から九州の暖温帯、オオヤマザクラは沿海州・朝鮮半島・北海道から九州の冷温帯など、種ごとに本来自生する分布域がある。また適応している環境も異なり、カスミザクラのように乾燥地に強いものもある一方、チョウジザクラのように渓流沿いに多い種もある。

代表的な桜いろいろ

エドヒガン

東北から九州・済州島に分布する種。天然記念物に指定されるような老大木となる木も。花は白〜淡紅色で開花後に葉を伸ばします。

ヤマザクラ

東北南部から九州に分布する種。関東や関西の雑木林で見られる最も身近なサクラ。花は白色で開花時に赤褐色の葉を伸ばします。

カンヒザクラ

中国南部や台湾などに分布する種。沖縄ではお花見の桜として知られます。花は濃紅色で、下向きにやや閉じた鐘状になります。

オオヤマザクラ

北海道から九州・朝鮮半島などに分布。北海道など寒冷地においては、お花見の桜といえば、この種を指します。花は大輪で紅色。

オオシマザクラ

関東南部の伊豆諸島付近に分布。和名は分布地の伊豆大島に由来します。花は大輪白色で開花時に緑色の葉を伸ばすことが特長。

'河津桜'

カンヒザクラとオオシマザクラの種間雑種の栽培品種。静岡県河津町から広まったもので２月に開花。花は一重の大輪で淡紅色。

'普賢象'

ヤマザクラとオオシマザクラの種間雑種の栽培品種。江戸時代には広まっていた代表的な八重桜で、花は大輪淡紅色の八重咲き。

'枝垂桜'

エドヒガンの栽培品種。平安時代から記録があり、現在では全国で見られます。枝が垂れる他は野生のエドヒガンと変わりません。

桜は移りにけりな

桜は春の訪れを象徴する特別な存在でありその代表が〝染井吉野〟であると、現代の多くの日本人は考えているでしょう。しかしこれは近代になってからの話で、歴史的な変遷がありました。

古代の日本の中心であった西日本の低地には、ヤマザクラやエドヒガン、カスミザクラなどの桜が自生していました。野山にはコブシやヤマブキなど他にも初春に開花する多くの花があり、ヤマザクラなどもそうした身近な植物のひとつとして親しまれていたと思われます。そして中国文化を規範とした奈良時代では、春の花は梅や桃といった中国から渡来した植物が中心でした。

ところが平安時代になり国風文化が発展すると、桜に対する扱いが変化したのです。奈良時代の御所（紫宸殿）の南庭には東（左近）に梅、西（右近）に橘が植えられていましたが、平安時代に左近の梅は桜へと植え替えられました。日本の宮廷文化の中で桜は、途々に春を象徴する花となったのです。中でもヤマザクラはその後およそ千年間も春の花を代表する存在となりました。

平安時代には〝枝垂桜〟の栽培化も始まりました。おそらく野生のエドヒガンの中から突然変異で生じた個体を選抜し、増殖して栽培するようになったと思われます。さらに鎌倉時代になると、大きな花をつけ観賞価値の高いオオシマザクラが鎌倉の周囲から見出され、京都でも栽培されるようになりました。江戸時代になると栽培技術の進展と園芸文化の隆盛によって、‘普賢象’や‘関山’など現在でも栽培されている八重咲きの栽培品種がオオシマザクラから数多く生み出されました。そして江戸時代末に‘染井吉野’が生まれたのです。‘染井吉野’は花つきが良いことに加え、成長が早いので比較的短期間で大木に育ちます。また花が咲くときに葉が開かないため、花見の対象としてきわめて理想的な栽培品種でした。明治国家の新しい首都である東京発祥という由緒もよかったのでしょう。これらのことから、明治時代になると爆発的に全国に広がり、明治時代以降の春の花は‘染井吉野’に替わっていったのです。

‘染井吉野’

エドヒガンとオオシマザクラの種間雑種の栽培品種。江戸時代に「吉野桜」として染井村から広まりました。吉野のヤマザクラとは異なることから、明治時代に染井吉野と名付けられました。花はオオシマザクラに似て大輪ですが、エドヒガンのように開花後に葉が伸びます。

桜を詠む・著す

解説＝小川和佑

春ごとに　花のさかりは　ありなめど　あひ見むことは　いのちなりけり

『古今和歌集』巻第二　よみ人知らず

解説　春がくるたびに桜が咲いては散り行き、また次の年になれば再び花見ができる。平安人にとって散る桜は、次の年のいのちの甦りを告げる、めでたき花でした。

天皇から庶民まで徐々に広がる桜愛

花ぐはし　桜の愛《め》で　同愛《ことめ》でば　早くは愛でず　我が愛づる子ら

日本最古の桜歌は『日本書紀』に登場します。十八代天皇允恭帝《いんぎょうてい》が、藤原離宮に愛妃の衣通郎姫《そとおしのいらつめ》を初めて訪ねた翌朝、井戸の側に咲く桜の美しさに心を打たれて詠んだ歌で、「桜は美しい。この桜のように美しい姫を、なぜもっと早くから愛さなかったのだろう」という意味になります。

この最古の桜歌に象徴されるように、古代の桜は美しい乙女の化身とされました。『万葉集』には、桜児《さくらこ》と呼ばれる美しい女性を想う2人の男性の歌も収録されています。また柿本人麻呂は想う少女を「つつじ花　香少女《にほえをとめ》　桜花　栄少女《さかえをとめ》」と詠い、山部赤人も「あしひきの　山桜花《やまさくらばな》　日並べて　かく咲きたらば　いと恋ひめやも」と桜の花と恋を並べて詠んでいます。

桜＝女性というイメージは、平安期の国風文化の中でさらに輝きます。10世紀末頃の『伊勢物語』では桜の香りと女人を結びつけています。平安中期の『源氏物語』で桜に関わり深く描かれたのは光源氏最愛の妻・紫の上でした。光源氏が北山で初めて幼い紫の上を見初めた時にも効果的に桜が登場しますし、のちに光源氏が立てた四季の館で紫の上が住んだのは春の館でした。圧巻は光源氏の息子・夕霧が垣間見た紫の上の描写です。

気高くきよらに、さと匂ふ心地して、春の曙の霞の間《ま》より、
おもしろき樺桜《かばざくら》の咲き乱れたるを　見る心地す

紫の上の美しく清らかである様子は樺桜にたとえられ、美貌に夕霧が夢うつつとなっている様子が目に浮かびます。これだけでも桜は女人への最上級の賛辞だったことがわかります。同時期に編纂された『古今和歌集』『新古今和歌集』など勅撰和歌集にも桜歌は多く収録されました。とくに『新古今和歌集』の後鳥羽院の歌は桜の美しさを際だたせます。

見わたせば 山もと霞む 水無瀬川 ゆふべは秋と なに思ひけむ

「人は秋こそ美しいというが、水と花に彩られたこの春こそ一番美しい」と言い切っているのです。後鳥羽院は源平合戦の最中に即位し、のちに王政復活を目指して承久の乱を起こしました。もしかしたら桜の勢いと自分の立場を重ねていたのかもしれません。

この時期、桜をひたすら愛した歌人が西行です。西行には数多くの桜歌があり、とくに吉野山の桜を愛したことは前章で述べました。しかし、西行といえばこの歌でしょう。

願はくは 花の下《もと》にて 春死なん　そのきさらぎの 望月の頃

一般的には〝そのきさらぎの望月の頃〟は釈迦入滅を示しているとされます。当時の歌人の間では〝無常〟を散りゆく桜にたとえて詠むことが多かったのですが、西行の歌には〝無常〟

世の中に　たえて桜の　なかりせば　春の心は　のどけからまし

『古今和歌集』巻第一　在原業平

解説✿今年はいつ咲くのかしら、いつまでもつかしら？　桜の開花や満開時、散り際が気になって春の日はそわそわ。そんな日本人の心情は、昔も今も変わらないようです。

をはかなむだけでなく、独自の世界観があります。散りゆくものを惜しむだけでなく、根底には翌年も花を咲かせる桜の生命力に対する賛歌があるように思えます。

鎌倉時代になると、桜は文学から絵巻、そして各種工芸のモチーフにまで及びました。室町時代には能の舞台にも登場し、江戸時代の歌舞伎ではさらに顕著になっていきます。16世紀前半（戦国中期）にまとめられた『閑吟集《かんぎんしゅう》』では、女盛りを桜にたとえた哀切な歌謡も収められています。桜は知識人だけでなく、庶民の文芸にも広まっていました。

江戸時代になると、桜の人気はますます広がります。浮世絵や浄瑠璃、歌舞伎で視覚的に桜を楽しむことも増えました。江戸の俳人、芭蕉や小林一茶も桜を愛していました。

木のもとに　汁も膾《なます》も　桜かな

さまざまの　事おもひだす　桜かな

前者は芭蕉作です。花見の最中、お椀にはらはらと散る桜の花びら……視覚に訴えるような鮮やかな句です。また、この句から庶民の間に花見がいかに浸透していたかもわかります。後者は小林一茶の句です。シンプルな言葉の中に、桜の持つ普遍的な魅力がつまっています。日本人にとって桜は「さまざまなことを思い出す」花なのです。

悲しみ、狂気、陰鬱……多様な桜観

明治時代、日本は列強諸国に追いつくため変革期に入りました。しかし明治前半、文学の桜は停滞期を迎えます。当時、文明開化により日本には西洋的なものが数多く入ってきました。歌人、詩人たちはこぞって外来の薔薇やアカシアの美しさを詠みましたが、その分、桜の美しさを〝旧弊的なもの〟として斬り捨てたのです。

この時期、桜を詠んだ数少ない歌人に挙げられるのが与謝野寛（鉄幹）で、彼は祇園の若き娼妓と一夜をともにする想いを桜にたとえて詠んでいます。美しく可憐な女人との逢瀬を桜にたとえた本歌は、古代の允恭帝の和歌に通じるものがあります。

そのような中にあって、文学の桜を蘇らせたのは樋口一葉の文壇デビュー作『闇桜』でした。

風もなき軒端《のきば》の櫻ほろ〳〵とこぼれて夕やみの空鐘の音かなし

物語の終末はこんな一文で終わっています。少女のはかない命とこぼれる桜の花びらをシンクロさせた一文は、富国強兵の鬨《とき》の声に埋もれていた桜の美しさを再発見したのでした。一葉は若くして世を去りましたが、文壇には情熱の女流歌人・与謝野晶子が登場します。

清水へ 祇園をよぎる 桜月夜 こよひ逢ふ人 みな美しき

ゆめさらさら　歌に朽つべき　身ならねど　かわゆきものは　桜なりけり

与謝野寛（鉄幹）

解説　本当ならば、歌にこの身すべてを捧げて朽ちていかなければいけないのに、どうしても桜を想うことがやめられない。そんな桜への愛しさは、恋人への思慕のようです。

この句が発表されたのは、ちょうど晶子がのちに夫となる与謝野鉄幹と恋愛関係にあった時期です。恋人に逢う歓びが周囲の人々も美しく見せる——夜の闇に浮かぶ薄桃色の桜と晶子の恋心がリンクされたロマンティックな句です。かつて乙女にたとえられた桜は心浮き立つ恋心とつながり、さらに艶やかになりました。

またこの頃、特筆すべきは若山牧水の第一歌集『海の声』に収められた一首です。

母恋し かかる夕べの ふるさとの 桜咲くらむ 山の姿よ

牧水にとって桜は、故郷の耳川渓谷に咲くヤマザクラでした。しかし、東京では染井吉野ばかりが増えていきます。牧水にとって染井吉野は〝見なれない桜〟だったのです。それがこのような故郷を思う歌になりました。晩年、牧水は伊豆の狩野川渓谷のヤマザクラをよくテーマにしていますが、これも故郷のヤマザクラを思うゆえだったのでしょう。

樋口一葉たちは桜に少女、瑞々しい恋、故郷といったイメージを投影しました。その後、もうひとつ、新しい桜観が生まれます。それが北原白秋らの発表した〝病める桜〟です。

いやはてに 鬱金《うこん》ざくらの かなしみの ちりそめぬれば 五月《さつき》はきたる

鬱金はレモンイエローの里桜です。今まで桜と〝悲しみ〟を重ね合わせた歌人はいませんでしたから、これはまったく新しい桜観でした。白秋が主催していた『朱欒《ザンボア》』では萩原朔《さく》太《た》郎《ろう》、室生犀星《さいせい》といった次代の詩人が名を連ねていました。白秋が示した〝病める桜〟は彼らの手によって広がりました。朔太郎は「憂鬱なる花見」の中で、散った桜の花弁が醸し出す腐臭とそこから感じるほの暗い情動を桜の幻影に見ています。いにしえより語られてきた〝清らかで生命に満ちた桜の美しさ〟に、朔太郎は〝陰鬱なる美〟を加えてみせたのです。

大正から昭和の桜はやがて梶井基次郎の強烈な一文に集約されます。

櫻の樹の下には屍体《したい》が埋まつてゐる！

本来、この詩は重度の結核患者だった基次郎が桜の旺盛な生命力を讃え、つらい生からの転生を夢見たものでした。しかし、センセーショナルな一文がひとり歩きし、坂口安吾『桜の森の満開の下』や大岡昇平『花影《かえい》』などの作品が生まれます。これらに共通するのは〝桜の美しいがゆえの狂気〟です。当時の退廃的な世相ともよく合致していました。

終戦後しばらく文壇は壊滅状態でしたが、やがて徐々に作品が生み出されます。桜に限った作品でいえば、谷崎潤一郎が『細雪』を上梓。これには関西の裕福な家の、花見の風景が描かれています。また、水上勉《みずかみつとむ》は『櫻守』で桜の復興に携わった男を記し、宇野千代は『薄墨《うすずみ》の桜』で継体帝《けいたいてい》が植えたといわれる岐阜県根尾の淡墨桜をテーマにしています。

また、渡辺淳一は『桜の樹の下で』で桜の化身のような京女の愛と死を描きました。これは古代から続く〝桜＝美しい女人〟という桜観に連なる作品ですが、同時に明治以降の〝桜＝あわれで狂気的〟な面も合わせ持っています。現代文学においても、桜は多面的な魅力を持って作家や表現者を魅了し続けているのです。

行く春や 逡巡《しゅんじゅん》として 遅桜《おそざくら》

与謝蕪村

解説✿晩春の暮れそうで暮れない夕景に浮かぶ、桜の姿。遅くに咲いたあの桜が散ってしまえば、もう春も終り。あと少しとどまっていて。名残惜しさがにじむ一句。

桜の名場面

文＝清水まり（フリーランスライター）

四季折々の季節感がドラマに情感を添え、味わいを深くする古典芸能。ここでは庶民によって愛され、今日まで受け継がれて来た歌舞伎や文楽に登場する桜に注目します。

舞台は辺り一面、満開の桜、そこへ姿を現すのは花子という名の歌舞を生業《なりわい》とする白拍子《しらびょうし》に扮した美しい女方《おんながた》。その衣裳にもまた桜があしらわれています。これは有名な歌舞伎舞踊『京鹿子娘道成寺《きょうかのこむすめどうじょうじ》』の幕開きの様子です。やがて踊り手は次々と衣裳を替えながら、時にあどけなく時にしっとりと女性のさまざまな心模様を描出していきます。

紀州の道成寺に伝わる安珍清姫伝説を題材とした芸能は古くからありますが、伝説の主人公である清姫の恋する女心を、女方という独自の身体表現に昇華させたこの舞踊は、ドラマティックなパフォーミング・アーツ。しなやかな身体が音楽や歌詞と一体となって、目にも耳にも華やかな世界へと導くのです。女方の演じる女性は、舞台上でだけ生命を宿すことのできる存在。それは歌舞伎という劇空間に花開いた、満開の桜そのもののようでもあります。

歌舞伎　京鹿子娘道成寺

道成寺の釣鐘に取り付いた白拍子花子。その正体が明らかになり、舞台はヤマ場を迎えます。

白拍子花子＝尾上菊之助

時に華やかに、時にもの哀しく ドラマを彩る舞台の桜

自然の山々を彩る詩情豊かな桜もあれば、庭木や街路樹のように日々の暮らしに密接した桜も舞台には登場します。その中間のような存在が吉原仲之町の桜でしょうか。幕府公認の遊郭である吉原もまた、劇場と同じように日常と非日常とが交錯するアミューズメント施設。けれどそこで悦楽を得られるのは暮らしにゆとりのある人に限られています。芝居に描かれる華やかな廓《くるわ》は、庶民の憧れの結晶といえるかもしれません。

仲之町の桜の前で、すれ違いざまに刀の鞘が当たったことからふたりの浪人が斬り合いとなるのは『鞘当《さやあて》』。そのふたりとは、色白でソフトな二枚目である名古屋《なごや》山三《さんぞう》と、いかついワイルド系の不破《ふわ》伴左衛門《はんざえもん》。それぞれに個性的な衣裳を身につけているのですが、その大胆なデザインは現代においても実に新鮮です。

争いとなったふたりの間に割って入るのは廓の者で、三幅対となったところで形よく見得がきまり、やがて幕となります。言ってしまえばたったそれだけの物語。けれどそこに、江戸歌舞伎のエッセンスがギュッと凝縮され、理屈抜きに楽しめる作品となっています。衣裳や舞台面の華やかさは一目瞭然、個々の役を演じる役者の役柄それぞれの特徴を際立たせる演技術など、様式美に注目したい演目です。

仲之町の桜の前での出会いが、その後の人生を大きく狂わせてしまう物語がありま す。男の名は佐野次郎左衛門、顔に醜いあばたのある佐野の絹商人です。初めて訪れた吉原で彼が一目惚れしてしまったのは花魁《おいらん》・八ツ橋、けれど八ツ橋には恋人がいて……。

恋が売り買いされる廓で、真《まこと》の恋の深みにはまってしまうのは次郎左衛門も八ツ橋も同じこと。不夜城と例えられた豪奢な廓で、大判振る舞いの末に次郎左衛門が見た華やかな夢は、盛りを過ぎて散りゆく桜のようにはかなく消えていきます。

この『籠釣瓶花街酔醒《かごつるべさとのえいざめ》』で描かれる世界は、廓という特殊なシチェーションゆえに起こる悲劇かもしれません。けれどさまざまな枷を取り払い、男女の心情にまっすぐに寄り添ってみると、いつの世にも通じるラブ・ストーリーとして実感できるのではないでしょうか。

ところでこの仲之町の桜、現実の吉原にも植えられていたようですが、自生する木ではなかったそうです。桜の季節になると出現する、エクステリアのデコレーションとしての植木。遊郭は実存した場所であり、そこを行き交っていたのも現実の人間。けれど、遊女と客の間で交わされた愛には虚実が入り交じっています。造花でも自生の生木でもない仲之町の桜は、現実と非現実のはざまを行き来する世界を象徴しているようではありませんか。

劇中に現れる桜はこのようにさまざまな姿で劇空間を彩り、ドラマを奥行きのあるものにしています。桜に込められた思いやメッセージがドラマのキーとなることもあり、文楽として今日に受け継がれてきた人形浄瑠璃を原作とする作品にしばしば見受けられます。

演目ガイド一

前ページで紹介した演目をわかりやすく解説。いずれも華やかな作品です。

京鹿子娘道成寺

【解説とあらすじ】新しく造られた鐘の供養が行われることになった道成寺に、花子と名のる白拍子がやってくる。花子は鐘を拝みたいと申し出るが、道成寺は女人禁制。しかし舞を奉納することで入山を許される。花子はさっそく舞の仕度を整えると、厳かに舞い始めるのだった。

花子の正体は、その昔、旅の僧・安珍と恋に落ちた清姫の霊。恋に破れた清姫は怒りから蛇体となり、安珍が道成寺の鐘の中に逃げ込むと、鐘に巻きつき鐘もろとも焼き尽くしたという伝説の後日譚。

【見どころ】最初は厳かに、それからテンポアップしてリズミカルに、そしてしっとりと……。変化に富んだ曲調に合わせたさまざまな舞踊が楽しめる。踊り手は衣裳や持ち道具を次々と変えながら、恋する女性の様子をさまざまに表現していく。その過程では、舞台上で一瞬にして衣裳が替わる鮮やかな〝引き抜き〟も用いられる。

鞘当

【解説とあらすじ】吉原仲之町に現れた深編笠のふたりの武士は、名古屋山三と不破伴左衛門。羽織の柄はそれぞれ〝雨に濡れ燕〟、〝雲に稲妻〟という派手な出で立ち。すれ違う時に互いの刀の鞘が当たったことからふたりはいさかいとなる。そこに廓の女性が止めに入る。一度抜いた刀をそのまま収めては武士の面目が立たない、と引かないふたりだったが、互いの刀を取り替えて鞘に納めることで納得する。『浮世柄比翼稲妻（うきよがらひよくのいなづま）』という長い物語の一場面で、山三と伴左衛門は以前からの因縁のある見知った間柄である。

【見どころ】大胆な図柄の華やかな衣裳に身を包んでの登場シーンでは、「丹前六方」という江戸時代の風俗を基にした独特の歩き方を見せる。色彩美、様式美に注目したい一幕。

籠釣瓶花街酔醒

【解説とあらすじ】顔に醜いあばたを持つ佐野の絹商人、佐野次郎左衛門は、江戸での商いの

吉原仲之町の桜をバックにした「鞘当」より。2人の武士の衣装にも注目。（伊達競高評鞘当／歌川国芳・江戸時代）

帰りに初めて訪れた吉原で、花魁の八ツ橋と出会い、あまりの美しさに心を奪われる。以来、次郎左衛門は江戸を訪れるたびに八ツ橋のもとに通い続け、ついに身請けを申し出る。だが、八ツ橋には栄之丞という浪人の恋人が。八ツ橋は栄之丞のために、心ならずも満座の中で次郎左衛門に〝愛想づかし〟することに。籠釣瓶とは刀の名称で、演目名がドラマの結末を暗示。

【見どころ】幕開きの花魁道中の華やかさは圧巻。〝愛想づかし〟の場面では男女それぞれの切ない心模様が細やかに描かれる。廓という世界に内在する光と影が見事な対照をなしている。

桜に託したメッセージにみる独特の情趣と美意識

人気演目『一谷嫩軍記《いちのたにふたばぐんき》』に登場する源氏の武将・熊谷次郎直実の陣屋には、傍らに見事な花を咲かせている桜の木があります。そしてそこには「一枝《いっし》を伐《き》らば一指《いっし》を剪《き》るべし」と書かれた高札が立てられています。高札は主君である源義経が熊谷に与えたものでした。

物語が最高潮を迎えるのは、熊谷が討ち取った平敦盛の首が本物かを見極める「首実検」の場面。検分するのは義経自身です。そして思いがけない事実が明らかとなるのですが、すべては義経が桜の枝に託したメッセージを熊谷が受け止めた結果なのでした。

歌舞伎には数多くの作品に義経が登場します。輝かしい功績を残しながら報われることなく実の兄・頼朝から追われる身となる義経は、春を謳歌するかのごとく咲き誇りやがて短い命を散らしていく桜のように、薄幸の貴公子として人々の心に刻まれているのです。

義経と桜、その両方の名を配したのが『義経千本桜《よしつねせんぼんざくら》』です。源平の争いを背景にさまざまなドラマが展開されるのですが、物語をリードするのは平知盛、いがみの権太、狐忠信で、それぞれ平家の武将、名もなき庶民、義経の家来に姿を変えた狐の化身です。この立場の異なる、命ある者たちの生きた証がくっきりと刻まれ、深い感動を呼び覚ます名作です。

桜丸という名の人物が登場するのは『菅原伝授手習鑑《すがわらでんじゅてならいかがみ》』で、これは『義経千本桜』、

『仮名手本忠臣蔵《かなでほんちゅうしんぐら》』と共に三大名作と称されています。左大臣・菅丞相《かんしょうじょう》（菅原道真）失脚をめぐる物語の主人公は、梅王丸、松王丸、桜丸という名の三つ子の兄弟。そして兄弟の中でいちばん若く、優しげな風情なのが桜丸です。

物語の発端は桜丸が善意で行ったある出来事でした。その行為が恐るべき陰謀を企む右大臣・藤原時平《ふじわらのしへい》に利用され、菅丞相は流罪となります。梅王丸は菅丞相に松王丸は時平に仕える身で、敵味方に分かれてしまった三兄弟は父・白太夫の賀の祝で顔を揃えることになります。ですが桜丸はなかなか姿を見せません。そしてようやく登場した時、その姿は風をはらみ散る寸前の桜のよう。憂いを帯びたはかなげな風情が桜丸の運命を暗示しているのでした。

春爛漫、盛りの季節に若い命を散らしてしまう恋人たちは、『妹背山婦女庭訓《いもせやまおんなていきん》』の久我之助《こがのすけ》と雛鳥です。雛鳥が母の定高と暮らす館のある妹山、久我之助の父・大判事清澄《きよずみ》の館のある背山を隔てているのは吉野川。領地をめぐって対立関係にある両家は今、時の権力者・蘇我《そがの》入鹿《いるか》によって窮地に立たされています。やがて両家は、潔くも深い愛情に満ちたある決断をすることになるのですが、その思いの象徴として吉野川を流れゆくのが桜の枝なのです。

春のやわらかな日射しを浴びてキラキラと輝く満開の桜の華やかな美しさはもちろんのこと、生命の限りを尽くしやがて散っていく桜には心情的美しさがあり、独特の情趣が漂います。だからこそ、「桜」は劇的効果をもたらすアイテムとしてしばしば用いられて来たのでしょう。古典芸能に登場する桜にはそんな日本人の美意識が深く色づいています。

文楽　妹背山婦女庭訓

妹山・背山それぞれに住まう両家を隔てて、吉野川が舞台中央を流れます。季節は春爛漫、桜の盛り。「妹山背山の段」の場面より。

「菅原伝授手習鑑」の場面「車引き」の舞台を描いた浮世絵。（大芝居繁栄之図／歌川豊国（三代）・1859年）

一谷嫩軍記

【解説とあらすじ】　一の谷の合戦前後を背景に描いた長い物語の中で、上演頻度が高いのが「熊谷陣屋の場」である。

悲痛な面持ちで熊谷が陣屋へ戻ると、そこにはいるはずのない妻の相模の姿が。さらに奥の間には夫婦の恩人であり、熊谷が少し前に討ち取ったばかりの平敦盛の母である藤の方までいた。やがて源義経が姿を現し、敦盛の首実検が始まる……。

【見どころ】　驚くべき真実が明かになる首実検の場面で熊谷が見せるのは〝制札の見得〟。緊張高まる一瞬だ。そしてその真実の重さは、登場人物それぞれの心にのしかかり、その悲喜こもごもが深い感動へと導いていく。

義経千本桜

【解説とあらすじ】　源義経が都から落ちのびて行く過程で起こる出来事を綴った物語。平知盛、いがみの権太、狐忠信のエピソードに絞っての〝通し上演〟の他、それぞれの場面が単独で上演されることが多い。

その主な場面を順に記すと以下となる。義経が静御前に初音の鼓を与えてひとり旅立った後、義経の家臣・佐藤忠信が静御前の危機を救う（「鳥居前」）。壇ノ浦で滅んだはずの平知盛は生きていた。義経への復讐の好機を得た知盛は壮絶な死闘を繰り広げる（「渡海屋・大物浦」）。静御前は忠信に守られ吉野の山中を旅する（「道行初音旅」）。

ならず者のいがみの権太は、父親が匿っていた平維盛の首を差し出してしまう。そこには意外な結末が……（「木の実」「すし屋」）。佐藤忠信の正体が、亡き親を慕う狐の化身だと明らかになる（「川連法眼館」）。

【見どころ】主要三役が、荒事、時代物、世話物、舞踊と歌舞伎のさまざまな魅力を体現。戦の無常さ、命ある者の情など奥深いテーマが内在している。

菅原伝授手習鑑

【解説とあらすじ】人気場面の単独上演、そこに前後の物語を加えるケース、主だった場面を抜粋した〝通し上演〟など、さまざまな形で見ることができる。桜丸が登場するのは以下の場面となる。

　帝の弟である斎世親王に使える桜丸は、親王と菅丞相の娘・苅屋姫との仲を取り持つ（「加茂堤」）。藤原時平の讒言により、加茂堤の一件で謀反の疑いをかけられた菅丞相は流罪となってしまった。そのことを悔やむ桜丸が往来で梅王丸と出会う。近くの吉田神社に時平が参拝すると知ったふたりは神社へ急行し時平の乗る牛車に襲いかかる。そこへ現れたのは梅王丸。兄弟は睨み合いとなる（「車引」）。三兄弟は父・白太夫の賀の祝いに夫婦揃って集まることに。なかなか姿を見せなかった桜丸は、実はある決意を固めてすでに到着していた（「賀の祝」）。

【見どころ】うららかな早春の風景から悲劇の結末まで、場面ごとに異なるそれぞれの風情が秀逸。人気も上演頻度も高い「車引」には、歌舞伎の荒事のエッセンスが凝縮されている。

妹背山婦女庭訓

【解説とあらすじ】吉野川に隔てられた久我之助と雛鳥の悲恋が描かれた場面は、文楽では「妹山背山の段」、歌舞伎では「吉野川」の名で上演される。

　蘇我入鹿は、久我之助の出仕と雛鳥の側室としての入内を要求。大判事清澄と定高は、それぞれの子供たちの思いを受け止めてある決意をする。

【見どころ】舞台中央を流れる吉野川は桜満開の山から客席まで続く態で物語は進行。歌舞伎では左右両方に花道が設けられ、川岸に立つ定高と大判事は両花道から同時に登場。文楽で太夫と三味線奏者が並ぶ「床」は通常向かって右側に設置されるが、「山の段」では左右「両床」からの掛け合いとなる。

桜と落語

落語に咲く花

談＝柳家さん喬（落語家）

落語って、昔の話だから難しいんじゃないかですって？　それでは落語発祥のお話から始めましょうか。たしかにそのルーツは千～千五百年前に遡り、かぐや姫で知られる日本最古の物語「竹取物語」に辿りつきます。これ、原文を読むと実は洒落やウィットに富んだ笑い話。日本人はそんな昔から鋭い感性で笑いを捉えていたんです。その後、戦国の世になって登場するのが、御伽衆《おとぎしゅう》。彼らは武将のスパイなのですが、敵国の情報とともに収集した面白話は武将の安らぎとなりました。また、遣唐使や遣隋使など海を渡った僧侶も、仏教の教えである説法に現地の楽しい話を盛り込み、脈々と伝えられ

Illustration by Takayuki Ino

ていくのです。こうして日本人の笑いの基本が整えられていきました。

　江戸時代になると、幕府が庶民にさまざまな圧政をかけ、笑いも押さえ込まれてしまいます。そこで見せるは庶民のレジスタンス魂、こっそり室内や座敷で話を聞かせます。「あの長屋の端っこらしいよ」「おう、行ってみようぜ」、それが寄席の原点になりました。舞台にある戸襖や屏風は、お座敷の名残なのです。

　と、落語のなりたちを簡単にお話したところで、そろそろ本題と参りましょうか。娯楽が少なかった時代の人は、花見の季節をたいそう心待ちにしていたんでしょうね。閉ざされた冬から、春が訪れて解放されるという喜び、その象徴が桜だったのではないかと思います。

　桜の木の下に集まってくる人間の営みを、いきいきと捉えているのが落語です。

貧乏長屋の大家が住人を花見に誘う、「長屋の花見」という有名な噺があります。当時の花見は御馳走が並び芸者さんが踊る、高貴な人・裕福な人の贅沢な遊び。それに対してお金がない庶民は、お茶をお酒に、たくあんを卵焼きに見立てて、どうだい楽しいよと意気がります。

　自分の頭の上に桜が咲いた男が主人公の「あたま山」では、集まってきた花見客のどんちゃん騒ぎに耐えられず、男は自分の頭上にある池に飛び込み死んでしまう。摩訶不思議なびっくり展開です。

　花見に集まった人々を驚かせようと、4人組が仇討の芝居を計画する「花見の仇打」もありますね。当日、面子がそろわず芝居はグダグダ状態。そんな様子がおかしくなっているところへ、本物のお侍が助太刀に入って大混乱になります。

「花見酒」では、花見客目当てに酒を売っ

て金もうけしようとする2人の男が登場します。1人が、銭を払うから一杯だけ飲ませてと代金を相方に払い、その相方も「じゃあ俺も」と続く。結局お金は2人の間を行き来しているだけで、ついに酒を飲み干したというオチです。

以上は三遊亭圓朝《さんゆうていえんちょう》を筆頭に江戸末期～明治時代の噺家たちが作った、「古典落語」と呼ばれる噺。作り手・語り手・演出家と、1人三役で作り上げる語り芸として落語は確立していきました。作品には権力への反発や流行への皮肉、人間の業、滑稽さや愚かさが描かれています。どうでしょう、今の世の中に通じることではありませんか？ さらには、噺家がその時代時代に生きている人々が理解しやすいよう言い回しを工夫し、今日まで語り継いできました。常に今を生きている落語は、解説なしでも聞けばすっとわかるものなんですね。そして噺家は、場面場面の情景をお客様に想像してもらえるよう語りますが、前述のような愉快な桜の噺だけでなく、桜の華やかさや美しさ、悲しさの表現が醍醐味の噺もあります。隅田川の桜並木を舟で眺める描写のある「百年目」、向島の土手を歩く2人に桜の花びら降り注ぐ場面が秀逸な「おせつ徳三郎」などがいい例です。

落語に少しでも興味がわいたら、ぜひ寄席にお出かけしてみてはいかがでしょう？ 寄席であなたの想像力で花開く桜に出会ってみるのも、オツなものですよ。

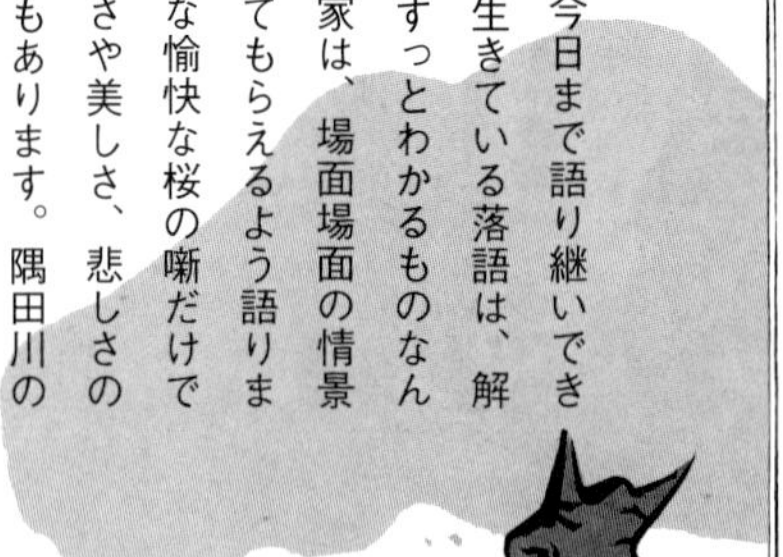

第二章

巡る

いつか
出かけてみたい
桜の名所へ

吉野山

初めて見てもどこか懐かしい、桜に彩られた吉野山の景色。日本人の心の原風景の一つなのかもしれません。

古都の桜

奈良の桜

奈良県のほぼ中央、数々の伝説をまとう霊験あらたかな信仰の地、吉野山。太古からこの地は神々が住むといわれていました。7世紀頃、修験道の開祖・役小角《えんのおづの》が吉野の奥にある大峰山で苦行の果てに、崇拝対象となる蔵王権現を心に得て、これこそ民衆を救うものだと、ただちに吉野へ下り、寝る間も惜しんで桜の木に権現像を刻みました。これを本尊としてこの山に安置したのが桜の里としての始まりといわれています。その後、修験道がますます盛んになり、役行者たちが多く訪れるようになると、桜こそが御神木としてふさわしいとの認識が自然に芽生えました。また、蔵王権現を本尊とする金峯山寺《きんぷせんじ》への一般参詣者も増え、御神木の献木という名目で桜が植え続けられました。こうして、信仰の証として吉野山は知られるようになり、同時に、古《いにしえ》より今日に至るまで最も人々の関心をひいてやまない桜の聖地であり続けているのです。

現在は、約200種類3万本もの桜が山全体を覆い尽くし、そのほとんどがヤマザクラです。特に多いのがシロヤマザクラ。開花と同時に若葉が芽生え、木によってその赤味に違いがあり、小ぶりな白い花と相まって絶妙なグラデーションをつくりだします。それらの木々により、神の手で描かれた絵巻のような、えもいわれぬ景色になるのです。特に靄がかかった早朝はいっそう幻想的。

この地は雨が多く、実は桜が育つのに適した地ではありません。それだけに、人々がいかに桜を手厚く扱ってきたかが伺いしれます。山の保全のため、大正五（1916）年には吉野山保勝会が設立され、現在も活動が続けられています。2004年7月には、吉野山全体を含む「紀伊山地の霊場と参詣道」はユネスコの世界遺産に登録されました。

吉野山の桜は山下から山上にかけて下千本、中千本、上千本、奥千本の4つのエリアに分かれ、それぞれに圧巻の眺めが広がります。近鉄吉野駅一帯の下千本には、蔵王権現が安置されている金峯山寺蔵王堂も含まれ、展望所やお野立ち跡からの景色は絶佳。下千本に続く如意輪寺付近の中千本には太平記ゆかりの吉水神社があり、ここからの眺めが吉野山を代表する景観のひとつ。まさに「一目千本」の桜の世界が。続く上千本に入ると、急坂の数に比例して見晴らしのよい場所が随所に。空中から眺めているかのように山全体の俯瞰が楽しめます。下千本より上、山頂までの奥千本は桜の数こそ少なくなりますが、ひっそりとして神秘的な雰囲気に。僧侶歌人・西行ゆかりの庵もこのエリアにあります。誰も気づかない自分だけの山桜を見つける密やかな喜びを求めて、西行も歩いたのではないでしょうか。

ほかにも、天人桜と呼ばれる紅枝垂彼岸桜の老木や、夢見桜、勝手桜など、いわれのある名桜の数々も抱いています。桜巡りはバス、自動車、徒歩と、目的と体力に合った手段で。吉野山は南北に約8km、標高500m余りの山肌を、4月上旬から下旬へ、約一ヵ月かけて桜が咲き上がる時間の移ろいもまた魅力です。

奈良公園

東西約4km、南北約2kmの広大な奈良公園。1000頭余りの鹿が桜の下を行き交う春風景はのどかそのもの。

奈良時代、平城京には多数の桜や柳が植えられていました。8世紀になると聖武天皇が、現在の若草山辺りで八重桜を見つけ宮中に移植。春になり、これまでに見たことのない、たいへんに美しい八重の花をつけました。光明皇后をはじめ、宮廷人たちはこれを大いにもてはやし、奈良の宮廷人の心の拠り所となったのです。時が流れ、都が平安京に遷り、一条天皇の時代（10世紀後半～11世紀前半頃）に、奈良八重桜の一枝が宮中に献上されました。この花を見た伊勢大輔《いせのたいふ》が「いにしえの　奈良の都の八重桜　けふ九重に　にほひぬるかな」と歌を詠んだところ、一躍〝誉れ高い花〟に。『詞花集《しかしゅう》』に収められたこの歌は、百人一首にも採用されています。以来、長らく奈良の八重桜は人々に親しまれてきたのです。

ところが１２００年もの時の経過に伴い、美しい八重桜の原型がどんなものだったのかわからなくなってしまいました。そこで、大正時代になって植物学者の三好学が全国各地の桜の調査を始め、大正十一（１９２２）年、東大寺知足院の裏庭で古書や古歌に符合する桜をついに発見。翌年、「知足院奈良八重桜」として天然記念物に指定され、史跡、文学、植物学の面からも貴重な存在となりました。この桜は、現在、県庁前に移され、一般の人も見物できます。というわけで奈良の県花はもちろん八重桜。街を歩くときは、足下にも注目してみてください。マンホールにも八重桜と鹿があしらわれています。

東大寺や興福寺などの世界遺産を抱える広大な奈良公園には、4月下旬から5月上旬に開花する奈良八重桜をはじめ、染井吉野、奈良九重桜、エドヒガン、ヤマザクラなど約１７００本の桜を見ることができます。

京都の桜

京都は桜の季節が最も麗しいと讃えられます。あらゆる河川沿いでは桜並木が続き、寺社や街全体が桜に包まれ、春爛漫の輝きに満ちるのです。

桜が美しく咲くためには、土壌が肥沃で水はけがよいこと、ある程度の寒に当たることが条件として挙げられます。盆地の京都はそれらの条件に叶い、桜の都となるべく土地柄であったことも〝運命的〟といえるのかもしれません。そして、我が国で最も長く都がおかれたところだけに、桜文化の歴史も長く、それだけ由来も種類も数多く存在します。

府内で最も早く咲くのは、遷都により平城京から移された平野神社の「平野の桜」。敷地内には珍しい10種類を含む約50種、約400本の桜があり、「魁《さきがけ》」という一重の枝垂桜がその名のごとく他にさきがけて3月中旬に開花。これを合図に、街は次々に桜色の華やぎに彩られはじめ、京都全体が雅やかな花の園になります。華やぎのトリを飾るのは仁和寺《にんなじ》の「御室《おむろ》の桜」。4月上旬から中旬にかけて、中門内の西側一帯にある、高さ3m足らずの約250本が、地面すれすれの枝にまで八重の花をつけ咲きそろうと、古都の春も終焉を迎えます。

開花を祝うようにこの時季は、祇園の「都をどり」や醍醐寺の「豊太閤花見行列」など、桜にまつわる伝統的な行事が多種多様に各寺社や演舞場などで行われます。

嵐山

四季折々の風雅な眺めを見せる嵐山。桜の満開時は山に芽吹き始めた緑と桜色のコントラストが見事です。

渡月橋を望む嵐山は古都を代表する景観のひとつとして、往時の山水美を今に伝えています。この辺りが上皇の庭、貴族の別荘地だった頃は、庶民は立ち入りできませんでした。もともとは紅葉の名所でしたが、鎌倉時代に後嵯峨天皇が現在の天龍寺の場所に亀山殿を造営する際、奈良の吉野山から千本のヤマザクラを移植したことにこの地の桜の歴史は始まります。さらに江戸時代になると嵐山の花見は千両の価値があると評判になり、庶民も大勢、足を運ぶようになりました。

現在、標高382mの嵐山は生命力あふれるヤマザクラ、大堰《おおい》川の堤防から渡月橋を望む辺りは壮麗な染井吉野、中州の嵐山公園は艶な枝垂桜が主となって咲き乱れます。貸しボートや屋形船で水辺から一味違う花見に興じてみてもいいですね。ちなみに、あの坂本龍馬も同志らとともに花見のために立ち寄ったとか。動乱の中にあって、嵐山の桜花は幕末の志士たちの心を慰めたにちがいありません。

嵐山が「雅の地」とすれば、哲学の道は「思索の地」。哲学者・西田幾多郎が愛した2㎞程の小径は桜散策にぴったり。熊野若王子神社から銀閣寺を結ぶ琵琶湖疎水沿いに染井吉野を中心とした桜並木が続きます。名所となったのは諸説ありますが、大正十（1921）年頃、この近くに邸宅を構えた日本画家・橋本関雪《かんせつ》の夫人よねが桜を植えることを提案したことから。ゆえにここの染井吉野は「関雪桜」とも呼ばれています。花盛りだけでなく、散った花びらが水面を覆い流れていく花筏の景色も情緒的です。

京都の桜は人々の来し方をも見せてくれるからこそ、いっそう気高く美しいのでしょう。

哲学の道

春は桜のトンネルが延々と。「日本の道百選」にも選ばれ、ゆっくり歩いて約50分、散策にぴったりです。

円山公園

一度は訪れたい京都随一といわれる桜の名所。この時季の夜は、園内に本物のかがり火が焚かれてより情趣的に。

京都の府花は枝垂桜。枝のしなやかさと薄紅の花をつけた美しさ、そして儚げに見えて風雪にも折れない芯の強さが京都人の性質や品格をも象徴するとして、１９５４年に選ばれました。なるほど、寺社仏閣から小路にいたるまで古を偲ばせる空間によく似合います。

中でも「祇園の枝垂桜」、さらにいえば円山公園が屈指の名所。明治十九（１８８６）年に造られた市内で最も古い公園内には、ほかに染井吉野、ヤマザクラなど約７００本の桜が植えられ、毎年多くの人々で賑わいます。公園の中央で威風堂々と咲き誇る名桜は、正式名称を「一重白彼岸枝垂桜」といい、現在二代目。初代は昭和二十二（１９４７）年に樹齢２２０年で天寿ならぬ桜寿を全うしました。二代目は、桜栽培の第一人者である〝桜守〟の第十五代佐野藤右衛門が、初代の種子から移植した苗を我が子のように大切に育てあげたもの。樹齢70年を超え、樹高12ｍを超える大木に成長しています。晴天下では爽やかさと気品にあふれるこの一本桜は、夜にはまた別の表情に。上へ横へと伸びた無数の花枝が根元からライトアップされ、花々が揺れ動くように白く浮かび上がり、見る人の心をふるわす趣です。円山公園からは清水寺、八坂神社、知恩院なども程近く、桜歩きに事欠きません。

さて、前述の佐野藤右衛門は代々その名が引き継がれ、現在は十六代目。実際に〝桜守〟と冠せられるようになったのは十四代からで、大正時代より日本全国の名桜の調査を始め、種や苗木を保存し、京都を日本一の桜名所にすることに生涯をかけてきました。十六代目は京都だけでなく、全国の桜を守るために尽力されています。

城址の桜

弘前

津軽を統一した津軽為信が慶長八（1603）年に計画し、同十六（1611）年に完成した弘前城。

弘前の桜

青森県弘前は慶長八（１６０３）年、藩祖・津軽為信《ためのぶ》により開かれた城下町。その象徴は、江戸時代に建造された弘前城、天守が今なお姿をとどめる弘前公園（城址）。天守や櫓、そして5つの城門は国の重要文化財指定。中でも追手門は戦国時代の美しい遺構として全国的にも珍しく、現在は正面玄関となり、城巡りの出発点とする人も多くいます。

全国に名高い、52種２６００本の桜が咲き誇る「弘前さくらまつり」が開催されるのが、この弘前公園なのです。また、約49万２０００平方mの広大な園は、夏には「ねぷた祭り」、秋には「菊と紅葉まつり」、冬には「雪燈籠まつり」が催される祭りのメッカでもあります。さくらまつりの期間はゴールデンウィークを含むこともあり、その来訪者は２００万人ともそれ以上ともいわれています。上野恩賜公園や角館を凌ぐ、日本一の来訪者数。推計人口18万人の城下町にそれほどの人を呼び寄せる桜の魅力はどこにあるのでしょう。

弘前公園の桜のはじまりは正徳五（１７１５）年、藩士が京都の嵐山から持ち帰った苗木を植えたことに遡ります。しかし、時代は下り、明治六（１８７３）年の廃城令により城は荒廃。見る見るうちに廃れてゆく城址の姿を嘆いた旧藩士の菊池楯衛《たてえ》は明治十五（１８８２）年、私費を投じて１０００本もの染井吉野を植樹します。菊池楯衛は青森にりんごの栽培を広めたことでも知られる人物。その後、市民からの寄付などにより守られ続け、現存する日本最古の染井吉野として二の丸で立派に花を咲かせています。

明治三十三（１９００）年には大正天皇御成婚奉祝記念として１０００本の染井吉野が植えられ、明治三十九（１９０６）年には日露戦争祝勝記念として５００本が植えられるなど、ますます城址が桜に彩られてゆきます。そして大正七（１９１８）年５月７日、遂に後の弘前さくらまつりとなる「第一回観桜会」を開催。奇しくも、菊池楯衛は直前の４月８日に急逝してしまいますが、その功績は今なお語り継がれています。さらに翌大正八年には、さまざまな出店が立ち並び、津軽民謡などの興行が行われ、賑わいが加速します。

通常樹齢50年といわれる染井吉野ですが、弘前公園には１００年を超える木が残っています。長寿の桜はほかにも多く見られ、その理由は当時物議を醸した再生技術の導入にあります。神格的存在である桜を切ることは本来タブーとされていました。しかし試行錯誤の末、昭和三十五（１９６０）年に初めて弱った木を剪定したところ、樹勢が回復するという結果を得ます。弘前はまた、りんごの町でもあるわけです。桜と同じバラ科のりんご栽培から得た、当時としては非常に大胆な技術です。その木は、本丸に咲く枝垂桜。以来、桜の剪定は長寿を支える必要不可欠な作業となりました。また、毎年行う施肥の効果も大きく、それも菊池楯衛がりんご栽培同様に力を注いだバラの肥料を用いたことがきっかけといわれています。こうして、弘前公園の桜は日本一の管理技術であると専門家に評価されているのです。

日本一といえば、三の丸の５・37ｍもある日本最大幹周の染井吉野もお見事。二の丸の最

弘前

さくらまつり開催中はライトアップされ、園内は情緒たっぷり。奥は下乗橋。

古の木と同じ植栽時期の可能性もありますが、明治三十四（1901）年という説もあります。また、弘前公園の染井吉野は、通常花は3、4輪のところ、木によっては5～7輪も咲かせます。つまり、1本の木が放つ、圧倒的なボリューム感が大きな魅力となっているのです。ほかにも、満開になると花が白くなる八重咲き品種の弘前雪明かり（三の丸）。平成元年の桜シンポジウムにおいて新品種と判明しました。染井吉野より遅咲きの横浜緋桜は、魅惑的な濃紅紫色に目を奪われる一重咲き。数多くある品種の中で唯一黄色い花を咲かせる鬱金《うこん》（三の丸）、下に向かって咲く大輪の八重咲き品種の松月（三の丸）、野生種のオオヤマザクラ（植物園）など、それぞれが味わい深く、存在感を誇っています。

城址の本領はこうした桜花が見え隠れする景色の多様性にあります。三層の天守からは、園内の桜を一望できるとともに、雪をまとった岩木山が。並木道を先導するような桜のトンネルを歩けば、春の訪れを実感するでしょう。散った花びらが濠を埋め尽くす花筏は散り際ならではの儚さを誘います。西濠では貸しボートに乗って水面間近に楽しむことも。さらには、幻想的にライトアップされ、白く浮かび上がる夜の天守へ。日中の華やかさとは違う、あらたな生命を得た満開の桜が、散った花びらが、夢の中で無言に語りかけてくるよう……。

弘前（当時・高岡）の町割りを定め、築城の計画を進めた津軽為信は城の完成を見ずに没しています。また、菊池楯衛が植樹してから130余年。2人の想いは次の世代が受け継ぎ、満開に咲かせ、そしてまた次の世代へ。城下であることとの栄枯盛衰と、桜を強く希求し守り抜いてきた先人たちに思いを馳せながら見る桜は、いっそう心に訴えかけてくることでしょう。

高遠の桜

馬が桜の花びらに埋もれてしまったという逸話が残る、高遠藩の桜の馬場。明治八（１８７５）年、廃藩置県により荒廃が進む城址を見かねた旧藩士たちが、馬場の桜を移植したことが高遠城址公園のはじまりです。この経緯は、前述の弘前公園とよく似ています。それほど、明治に入ってからも城の持つ求心力が生きていたということでしょう。

高遠は高遠城址公園をはじめ、花の丘公園や春日城址公園、伊那公園など、桜の名所が多数ある花の町です。その中でも、高遠城址公園に咲く県の天然記念物である高遠小彼岸桜は、高遠固有の貴重な桜として全国に名を轟かせています。古くより「天下第一の桜」と称され、矜持をもって大切に守られてきました。マメザクラとエドヒガンの交配種で、赤みを帯びたやや小ぶりの可愛らしい花。伊那市では、先祖から代々受け継いできたこの貴重な財産を保護育成・継承してゆくため「桜憲章」を制定し、厳格な8つの項目を定めていることからも、その気概が伝わってきます。

毎年4月中旬、「高遠さくら祭り」が開催され、樹齢約１５０年の古木20本を含む１５００本もの高遠小彼岸桜が咲き誇ります。25万人以上もの観光客が訪れ、その一種のみであることの迫力を満喫しています。特に、文字通り桜の雲の中を歩いているような心地にさせる桜雲橋は格別。頭上にも、足の下にも、また背後の景色まで桜で埋め尽くされます。この密集の美が、高遠城址公園の大きな特長といえるでしょう。橋を渡り切ると、問屋門と呼ばれる門が現れます。それは、江戸時代に交通網の駅として機能していたもので、高遠本町から移設し、往時の生活の一端を伝えています。また、林の中にある太鼓櫓もなかなかの風情。藩政時代、城下の町民に時を報じたと説明書きがあり、今は聞くことができないその音色に想像力がかき立てられます。さらに、中央アルプスの残雪と、桜のピンクの絨毯が織りなす鮮やかなコントラストも、高遠ならではの景色です。

高遠小彼岸桜は開花から満開まで、満開から散るまで、その期間が短く、桜が生来持つ儚さを体現しているようです。

完全に開花しても鮮やかなピンク色を保つ高遠小彼岸桜。桜は県の天然記念物、公園はさくら名所百選に選定されています。

高遠

桜にすっぽりと包まれる桜雲橋。渡るのを楽しみに、シーズンには25万人以上が訪れます。城は日本百名城の1つ。

本章で紹介した桜はここに。開花時期を確認して、桜に出会う旅に出かけましょう。

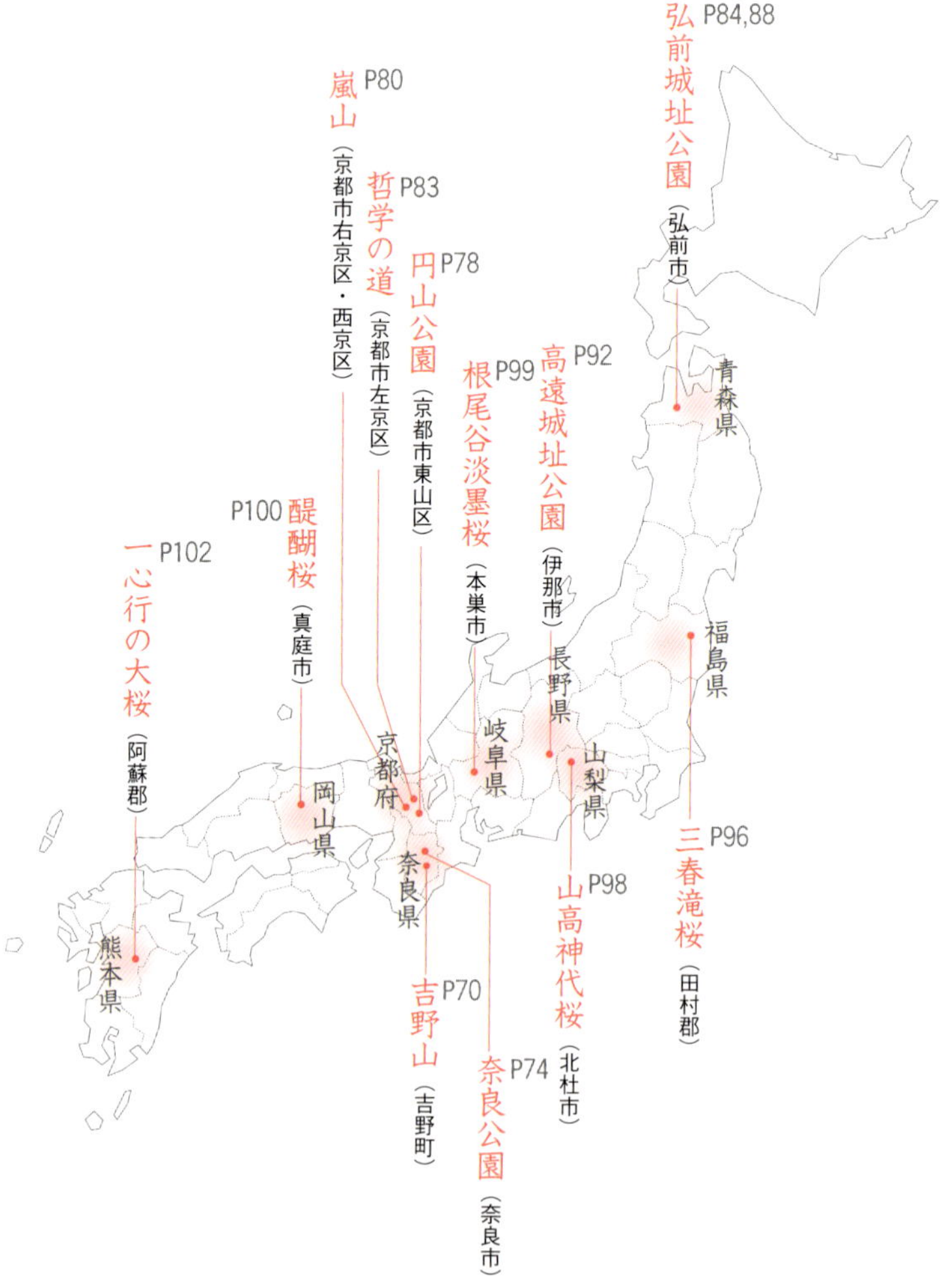

一本桜

染井吉野が普及する前は、花見といえば山に自然群生するヤマザクラか一本桜を指しました。とりわけ里山や村落にぽつんと佇む一本桜は全国各地で見られるので、春ごとにその土地で生きる人々の心にときめきを与えてきたことでしょう。中には、何百年、千年と気の遠くなるような年月を重ねて、現在でも根づいているものがあります。日本三大桜の三春《みはる》滝桜、山高神代《やまたかじんだい》桜、根尾谷薄墨《ねおだにうすずみ》桜はどれも推定樹齢千年以上の大樹。三本とも国指定の天然記念物です。伝説や逸話とともに、神格化されたこれらの桜は支柱に拠り、ここまでの道のりの壮絶さを物語っています。今なお春に花を咲かせる姿は見る者を圧倒し、生命の力強さが伝わってきます。春といわず、四季折々に一本桜の営みにふれるのもまた一興です。

福島

三春滝桜

桜と梅と桃、ここには三つの春が一度に訪れることから「三春」なのだとか。そんな三春で、滝の水がほとばしり落ちるように咲く滝桜は樹齢1000年以上。往時の藩主はこの桜を手厚く保護し、時季になると日々早馬を飛ばし開花報告を待ったほど。根周り11・3m、枝張り東西約25m、南北20m、樹高13・5mのベニシダレ。

山高神代桜

山梨

推定樹齢2000年、日本最古の桜といわれています。風雪に耐えて生き伸びてきた凄みは唯一無比。日本武尊(やまとたけるのみこと)が東夷(とうい)征定の折に立ち寄り、自らの手で植えたという伝説も。13世紀頃、衰弱したこの桜の木が日蓮上人の回復祈願により再生したとの逸話から「妙法桜」との呼称も。幹周り11・8m、枝張り東西17・3m、南北13m、樹高10・3mのエドヒガン。

根尾谷淡墨桜

樹齢1500年余のエドヒガン。蕾時の淡いピンクから、満開時は白に。散り際に樹全体が墨を塗ったような色合いからその名が。幾度となく訪れた枯死寸前の危機も、人々の努力により蘇生。継体天皇のお手植えという説や、作家・宇野千代による保存活動など佳話も多い。幹周り9・91m、枝張り東西26・9m、南北20・2m、樹高16・3m。

岡山

醍醐桜

標高約500mの高台に、周囲の山々を見下ろすような威容で立つ。樹齢約1000年。鎌倉時代の末、政争に破れた後醍醐天皇が隠岐へ配流される折、その姿に

見とれ、褒め讃えたのが由来。枝いっぱいに咲く微紅色のエドヒガンは周囲360度どこから見ても美しい。根周り9・2m、枝張り東西南北各20m、樹高18m。

一心行の大桜

阿蘇山麓に咲く九州随一の大きなヤマザクラ。樹齢400年。勇壮な死を遂げた矢崎城主の菩提樹で、一族がその霊を弔うため一心に行を修めたのが名前の由来。菜の花畑に囲まれ、黄色と桜色の対比が春らしい。天災に何度か遭遇し、60数年前の落雷で幹が6つに裂け、枝が半円状に広がっているのはその名残。根周り7.35m、枝張り東西21.3m、南北26m、樹高14m。

第三章

愛でる

さまざまな
桜への想いにふれて

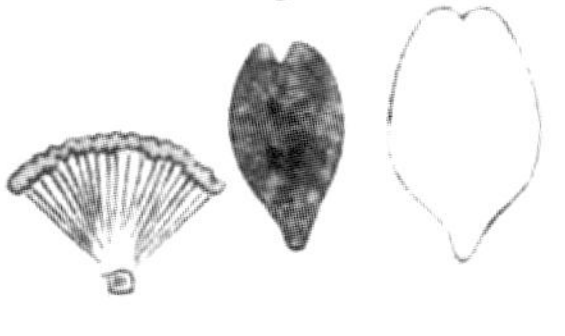

和菓子

桜形《さくらがた》

花の形を思わせる5角形の饅頭に桜の焼き印。紅白の生地を重ねて餡を包み、野山が桜色に染まる情景のように淡い色合いに仕上げた薯蕷饅頭。

遠桜《とおざくら》

野山に点々と咲いた、遠くに見える桜。その濃淡ある様を、白と紅のそぼろで表現。餡玉のまわりにこしたそぼろ状の餡をつけた、きんとん製。

古《いにしえ》より
無限の桜の美を表現して

文＝中山圭子（虎屋文庫 専門職）

毎年のことですが、雛菓子の後には、桜をモチーフにした和菓子が楽しみになります。本物の桜が開花する前から、季節の先取りで甘い花見ができるとは、ちょっとした贅沢でしょう。しかも咲き始めの奥ゆかしさ、野山を彩る華やかさ、散っていく儚さなど、その表現は時期に応じ、繊細で多様。そもそもいつ頃から和菓子の意匠に桜が登場するのでしょうか。

今日見るような四季折々の風物を題材にした菓子が広まっていくのは、三百年以上も昔の元禄時代のこと。商品経済が発展し、活気ある元禄文化が京都で花開く中、菓子にも創意工夫が凝らされました。元禄六（１６９３）年刊の『男重宝記《なんちょうほうき》』に当時の菓子の絵図が掲載されており、ここに桜形の「桜餅」も含まれています（Ｐ１０８参照）。同様の絵図が、元禄八年の虎屋の「御菓子之畫圖《おかしのえず》」にもあることを思うと、好まれた意匠だったのでしょう。

絵図に残るこうした菓子は白砂糖を使った高価な「上菓子《じょうがし》」で、庶民の手が届くものではありません。宮中の行事で用意されたり、大名の献上品ほか、富裕な商人の茶菓子や贈答品に使われたり、高級品扱いでした。しかも遊び心が加味され、「花筏《はないかだ》」「嵯峨野」など、文学的な銘がつけられました。当時教養の書とされた『古今和歌集』や『源氏物語』などの古典文学の世界が意識されたのです。すでに茶道では茶杓や茶碗にその景色から「村雨《むらさめ》」「松風」

和菓子の木型

くるいが少なく丈夫なヤマザクラの木を使用。写真は下の「奈良の都」の木型。生まれ変わっても桜の姿を映し出すとは、神秘的。

奈良の都

奈良・東大寺のナラノヤエザクラは、国の天然記念物指定。八重桜一輪をかたどり、都として栄えた奈良の華やかさを偲ばせています。

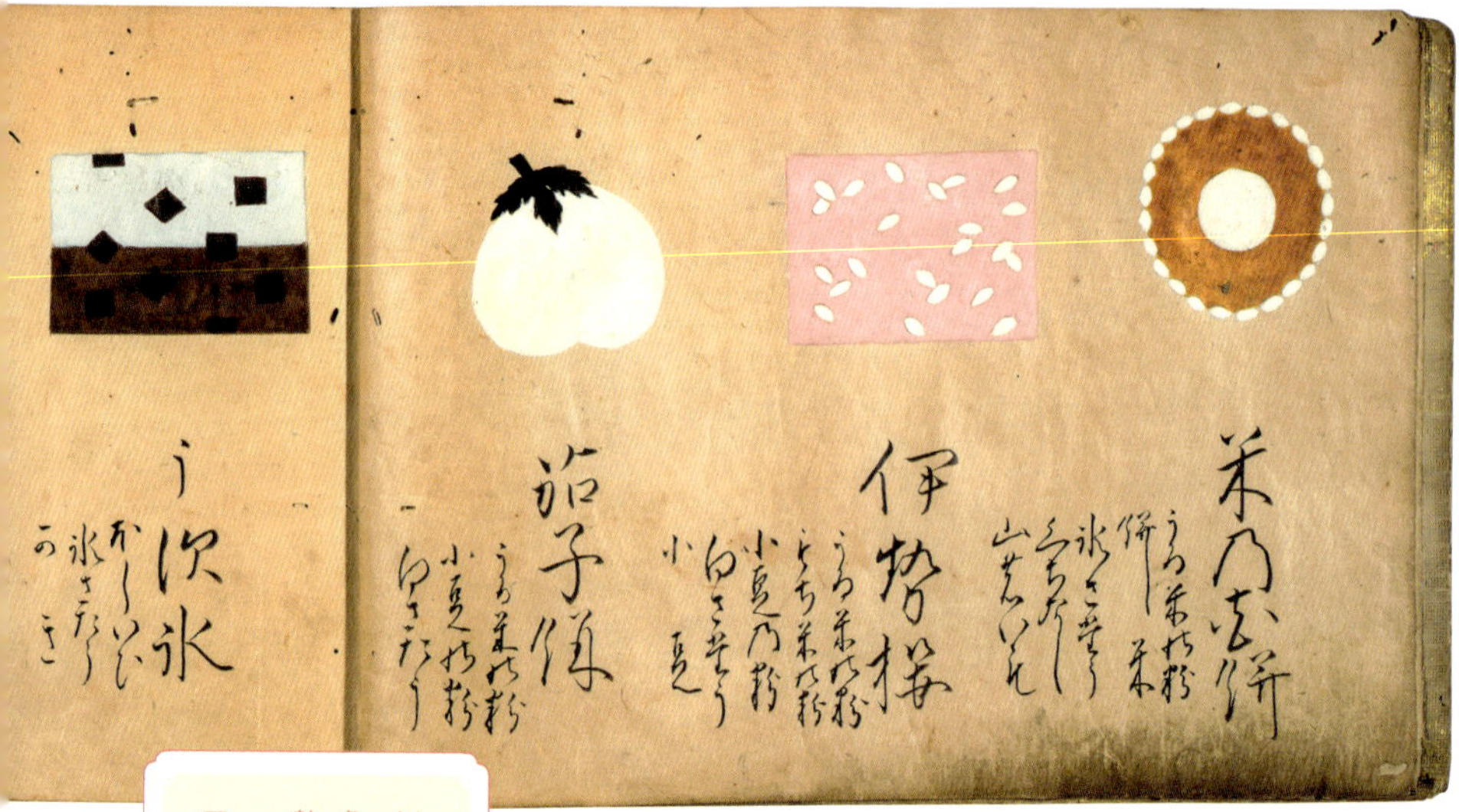

抽象的に表現された桜

虎屋の菓子見本帳に見られる「伊勢桜」（右から2番目）は、その一例。想像がふくらみます。宝永四年「御菓子之畫圖」より。

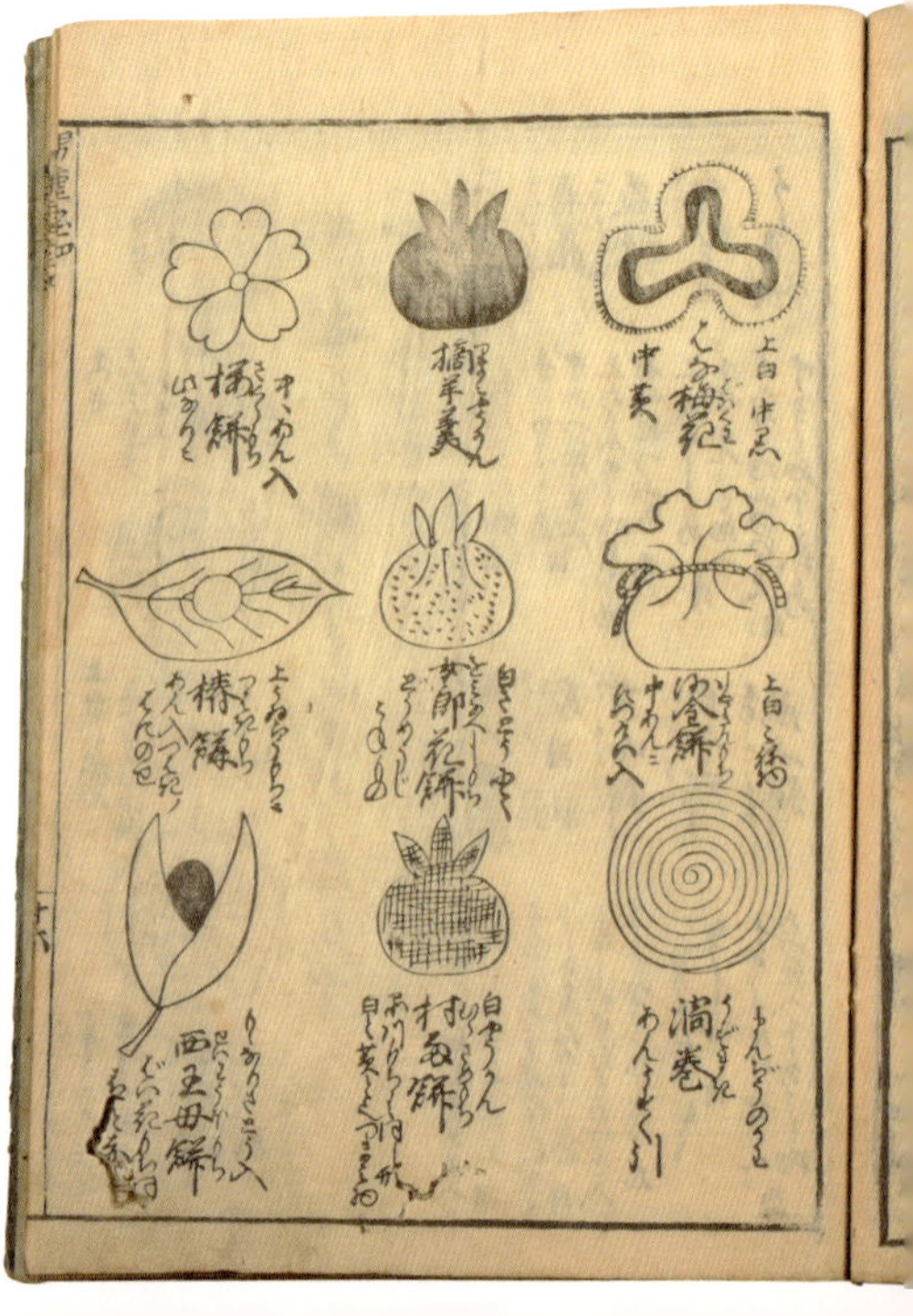

花形の桜餅

江戸時代に描かれた菓子の絵図にはすでに「桜餅」（左上）が登場。元禄六年刊行『男重宝記』（吉田コレクション）より。

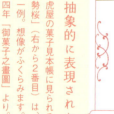

などの銘がつけられており、同様の趣向が菓子にも求められたのでしょう。

上菓子のモチーフは植物、特に花が多く、なかでも桜は人気者。その表現は具象と抽象に大別でき、先ほどの「桜餅」や、羊羹の断面に桜の花形を表したものなどは具象といえます。木型を使えば絵画的な表現も可能で、着物や工芸品に見られるような精緻な桜意匠の落雁も、江戸時代から作られています。

一方の抽象表現としては、「伊勢桜」（右ページ参照）のように、小豆の粒を桜の花びらに見立てる手法があります。銘や意匠によって想起される桜の姿を心の中で描く点、賞味する側の感性や教養が問われるといえるでしょう。どこでどのような桜と出会ったかという体験も、菓子の味わいの決め手になるかもしれません。見立ては色によっても工夫され、餡玉のまわりにそぼろ状の餡をつけたきんとんの場合、緑と薄紅の色合いで「春の錦」や「都の春」のような銘がつけられます。「見渡せば　柳桜をこきまぜて　都ぞ春の錦なりける」（『古今和歌集』）の世界が配色でイメージされるのです。

桜の意匠の菓子が多様なのは、桜の姿が「移ろうもの」であることや、流水・筏・おぼろ月・霞や雲・扇など、風情あるものと組み合わせやすいことがあげられます。まさに古来、歌に詠まれ、絵画に描かれ、愛でられてきた無限の桜の美が菓子にも見いだせるわけで、味わうことによって、古の人々と桜に寄せる思いを分かち合う楽しみがあるといえるでしょう。

桜餅 にしひがし 物語

桜餅の話題の一つに、関東と関西での生地の違いがあります。関東では小麦粉生地を焼いたものが多く、関西ではもち米を原料とする道明寺粉を蒸した生地が主流です。

桜餅は江戸向島の長命寺近くが発祥の地ともいいます。背景には八代将軍・徳川吉宗の政策で桜の植樹が行われたことがあり、塩漬けした桜葉で餅を包んだ桜餅は江戸っ子の人気を集めました。これが各地に広まりますが、最初から小麦粉生地ではなかったよう。『嬉遊笑覧《きゆうしょうらん》』（1830）により、しんこ餅から葛粉使用の餅に替わった時期があったことがわかります。

一方、天保（1830―44）頃、大坂（阪）の土佐屋は、冬と春には片栗粉の生地を薄く焼き、夏と秋には吉野葛を使ったものを販売したそうで（『浪華百事談』）、桜餅にもいろいろあったようです。試行錯誤の末、小麦粉生地と道明寺生地が定番になったのかもしれません。ちなみに道明寺は大阪藤井寺市の道明寺で作られた糒《ほしいい》に始まるといわれます。関西では昔から椿餅に使われるなど、なじみのある食材だったため、桜餅にも応用されたのでしょう。

東西の桜餅の見た目や味わいは違いますが、その歴史を語るのに、それぞれお寺の話がはずせないのは、偶然ながら興味深いものです。

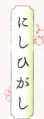

関西風

生地には、蒸した餅米を乾燥させて作る道明寺粉を使用。粒状の生地はもちもちとした食感に。

関東風

小麦粉を水溶きし、薄く伸ばして焼いた生地で餡を包みます。中身の餡は、こし餡が多い傾向です。

P104-111 の菓子制作＝とらや　＊関西風桜餅は撮影用で、発売しておりません。

樺細工

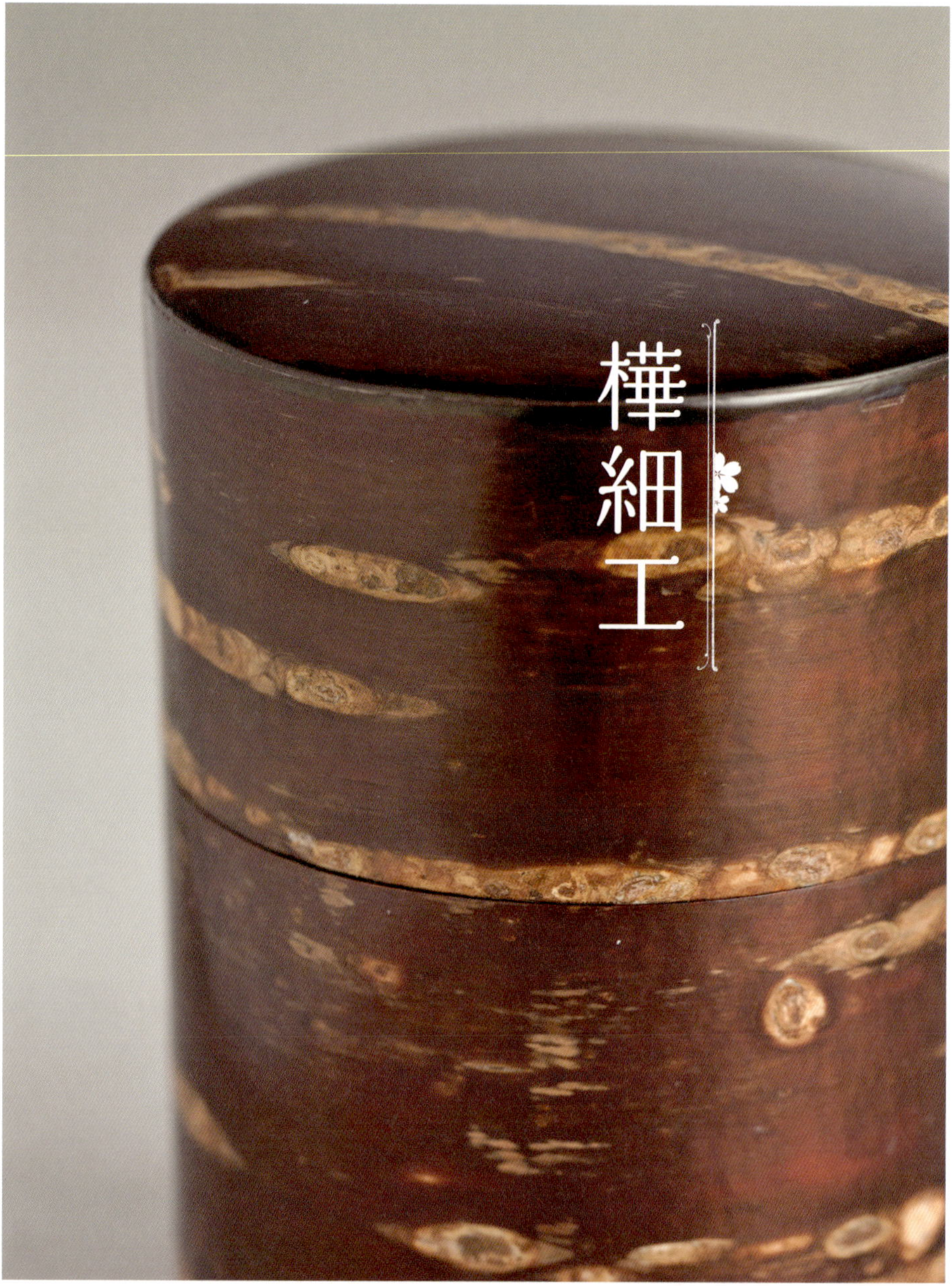

使い込むほどに艶が増す
山桜の樹皮を使った伝統工芸

弘前公園、北上展勝地と並ぶみちのくの三大桜名所として知られる、秋田・角館。武家屋敷の黒板塀に映えるしだれ桜や、町の中心部を流れる桧木内《ひのきない》川堤のソメイヨシノは、角館の春の風物詩。毎年美しい桜を愛でに多くの人々が訪れています。

この地に伝わる山桜の樹皮を使った工芸品が樺細工。山桜は万葉集のなかで「かには」と表現され、後に「かば（樺）」に転化したと考えられ、現在、その樹皮を指します。江戸の天保年間、角館の武士たちの手内職として発展、技法はマタギの里である秋田県北部・阿仁地方より伝わったといわれています。日本はもとより、世界でも類をみない樹皮工芸であり、国指定の伝統工芸品として高い評価を受けています。

「角館伝四郎」は、江戸末期、嘉永四（1851）年の創業以来六代にわたって上質な樺細工を作り続けている藤木伝四郎商店のブランドです。ここでは約20名の職人たちが、日々研鑽を重ね、伝統の技を磨いています。

毎年夏になると、山師と呼ばれる職人により樹皮の採集が行われます。養分の少ない山でゆっくり育った山桜が、強靭で良質なものになるそうです。一度に剥ぐのは、一本の木の3分の1まで。木を痛めないよう、慎重に皮を剥いでいきます。幹は数年で元の状態に戻っていくので、環境を損なうことがありません。剥いだ樹皮は2～3年自然乾燥させた後、細工に適した厚みに整えていきます。主な仕上げは、樹皮の風合いをそのまま生かした「霜降皮」と、表面を薄く削り出した「無地皮」の2つ。茶筒は、木型に合わせて経木で芯を作り、その内外に樺を張りつける「型もの」という樺細工特有の技法によるもの。樹皮の削り出しから皮の張り合わせ、寸分のずれもない調整など、工程のひとつひとつに熟練の技が光ります。

六代目を務める藤木浩一さんは、樺細工の裾野を広げようと、デザイナーとタッグを組んで現代のライフスタイルに合う意匠を考案。ヨーロッパを中心とした海外進出にも力を入れています。胡桃、桜、楓といった異なる種類の樹木を組み合わせたり、斬新なカラーリングを用いたり、樺細工の新たな魅力を引き出す、モダンな佇まいのシリーズです。

「樺細工は世界を見渡しても角館だけにしかないもの。確かな技術で魅力的な製品をつくることで、グローバル・スタンダードを目指しています」

自然と共生する人々の知恵が生んだ樺細工。ひとつとして同じものはない樹皮の表情は、使い込むほどに美しい輝きを増していきます。

ニカワを塗り、熱したコテで樹皮を圧着していく。型ものの大事な仕上げ作業。

上／型もので作られた筒を素のまま生かした「素筒」。右から霜降皮、無地皮。左／茶筒のほか、茶櫃や菓子皿、トレーなども。右の茶筒はデザイナー山田佳一朗氏とのコラボレーションで生まれた「輪筒」。異なる樹木のストライプ模様がスタイリッシュな印象。

角館伝四郎 本店
秋田県仙北市角館町下新町45
0187-54-1151
（9時〜17時30分　無休
〈冬期のみ日曜休〉）

桜染め

右から手織りならではの風合いが心地よいスピンピコットショールと麻混マフラー。マフラーは段染めという技法でオレンジとの2色に染め分けている。

日本で初めての染色技術で本物の桜色を表現

光を受け、きらめき輝くピンクの色彩。優しさのなかに、深みをたたえた色合い。桜染めには、身につける人の心を和ませ、穏やかにする。そんな魅力があるように思えます。

植物の花や樹皮、実などで布を染める草木染め。その起源は有史以前とされ、日本にも大陸から伝来、平安時代には日本人ならではの色彩感覚で、宮廷装束に華やかな彩りを与えました。化学染料が入る明治初期までは草木染めが主な染料でしたが、桜は非常に色が出にくい材質のため、その色の原料となったのは紅花など。桜のみで桜色に染めるのは不可能とされてきたなか、福岡県秋月市に工房を構える染色家の小室容久さんは、桜が咲く直前のつぼみと小枝から、桜色を抽出することに成功。「桜染め」の第一人者として知られています。

「さまざまな色のなかでも桜色は、日本人にとって特別なもの。梅のピンクが個性を主張するのに対し、桜は一歩後ろに引いている。和の心を宿しているように感じるのです」

カメラマンとして活躍していた20代の頃、仕事先で訪ねた草木染めの工房でその美しさに魅せられ染色の道を志した小室さん。なかでも奥ゆかしく純粋な桜に惹かれ、桜そのものでその色を表現したいとの思いで、独自に研究を重ねてきました。ソメイヨシノから山桜、八重桜、そして樹皮や芯材、花芽、緑葉、紅葉にいたるまで、あらゆる素材で試行錯誤を繰り返し、ついに桜の色を染める方法を編み出します。

必要となるのは、桜が咲く直前のつぼみのついた小枝。小室さんの工房では、公園や街路樹などの剪定した枝を譲り受けたり、自然の山桜を伐採する時期を調整してもらったりしています。ただし、どんな枝でも染まるわけではないのだそう。

「素直で若さのあるものがいいですね。じっと桜を見ていると、木のほうから声をかけてくれるような気がします。老木でも若さを感じる枝もあれば、若くてもだめなものもあります」

そうして集めた小枝を鍋にかけて、30〜60日、炊いては冷ますことを繰り返していきます。最初は枝の茶色やオレンジが混じっていますが、炊く温度や時間などを細かく調整することでピンクの比率を高め、そこからピンクの色素だけを取り出し90日かけて熟成させることでようやく染液原液が出来あがります。桜の染め方だけでも20通りほど、なかでも安定的な色合いを出すこの方法に辿り着くまでに約10年かかったといいます。桜色が抽出される課程でできる茶色やオレンジの染液も、捨てることなく作品に生かしています。

小室さんが草木染めを行うなかで、自分に課したルールが2つあります。ひとつは、日本古来の材料だけを使うこと。そしてもうひとつは、染液が、〝飲める〟ものであるということ。

「昔のものをそのまま残すだけでは、伝統を受け継ぐことにはならない。絶えず新しいことにチャレンジしていくからこそ、未来につなげてしていけると思うのです」

化学染料を一切使用せず、それでいて他のどこにもない技法を追究する日々。染色の歴史に新たな一頁を刻む小室さんの桜染めが、今日も青い空にたなびいています。

小室容久さん

染色家。1954年神戸生まれ。九州産業大学芸術学部卒業後、カメラマンとして活躍。草木染めに出合い、創作活動に入る。84年東京に工房夢細工設立。92年、福岡・秋月に移設。

工房夢細工 秋月本店
福岡県朝倉市
秋月野鳥708-6
0946-25-0032
(10時~17時　年末年始休)

桜染めができるまで

1 桜が咲く前の小枝を集め、分別して小さく切る。

2 鍋で炊く、冷ますを繰り返し、30~60日ほどで桜色の元を抽出。

3 桜の染液を2週間~90日かけて熟成させ、ピンク色の染料原液に。

4 媒染となる椿灰の灰汁に米酢を加えた液に、布等を入れ馴染ませる。

5 煮立った湯に原液を入れ希釈して染液を作り、4を浸す。染液を変えながら、好みの色になるまで何度も繰り返す。

6 好みの色になったところで、水洗いをして干す。

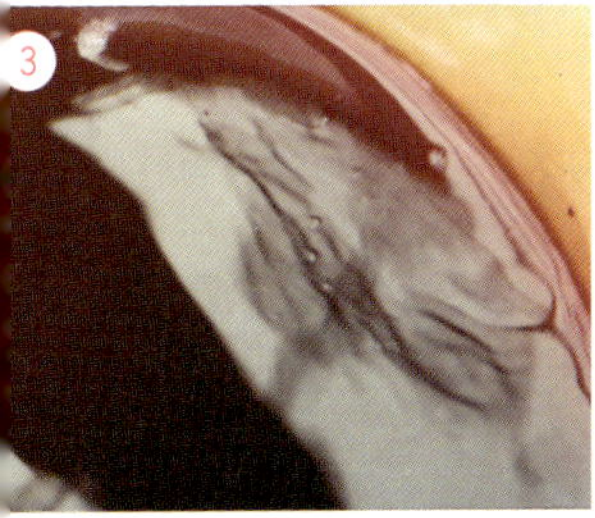

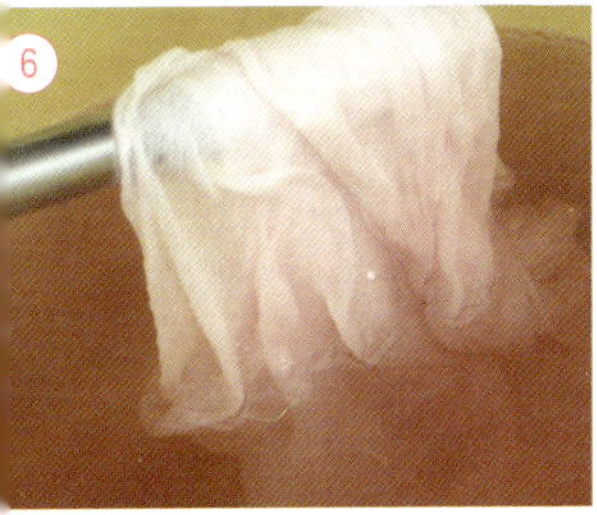

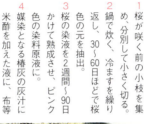

絵付け〈陶磁器〉

小野多美枝（空女）作・赤絵細描桜詰盃。細密に描かれた桜花のそれぞれに異なる表情が楽しい。お酒を注ぐと薄紅がいっそう華やかに。

伝統の技に創造を添えて 極細の線で描く満開の桜

透きとおるほど薄い盃の表裏に、極細の線で描かれた桜花。光にかざすとほんのり薄紅色に染まり、まるで霞がかかったように幻想的な美しさです。

桜の花びらでいちめんを覆い尽くす「桜詰め」は、京焼に古くから伝わる絵柄の一つ。小野多美枝さん（伝統工芸士・株式会社空女代表）は、偶然出会い感銘を受けた九谷焼の「赤絵細描」の技法でこの「桜詰め」を描き、こんなに華麗な春の景色を生み出しました。

色絵とも呼ばれる赤絵（上絵付け）は、陶器や磁器の表面にかかった釉《うわぐすり》の上に、低下度釉と呼ばれる色彩豊かな絵の具で絵付けをしたやきもののこと。12世紀の中国で発祥し、日本では、有田（伊万里）、九谷、そして京都を主な舞台に発展を遂げてきました。大和絵風の花鳥や山水、人物などを大胆に描いたり、草花の文様で埋め尽くしたり。技法や筆致は多様を極め、中でも赤一色で細密な絵を描く「赤絵細描」は、江戸時代後期に生まれた九谷焼の伝統的な様式で、線と濃淡の均一さを保つ技術は至難の業といわれます。

小野さんは、作風豊かな京焼の世界に身を置き、上絵付けよりも、釉の下に藍色の絵や文様をあらわす染め付け（下絵付け）を極めていくつもりでしたが、「赤絵細描の技法で『桜詰め』を描いたらきれいやろうな。そう思うとどうしても挑戦してみたくなって」。

小野多美枝さん

京焼・清水焼 伝統工芸士。京都府立陶工高等技術専門校卒業、1976年京都伝統大学校の絵付け講師に就任。2012年からは京都美術工芸大学の講師も務める一方、赤絵細描・京薩摩を独自に研究。主宰の空女工房は、2014年、株式会社空女に。www.cu-nyo.com

右上／学校の教え子だったスタッフたちとともに制作に取り組む。左上／誰もが見過ごすところにまで緻密に描くのがモットー。手掛けているのは、薄い磁器を使ったオリジナルブランド「華薩摩」。右下／桜の周囲に金襴の幾何学模様をあしらった京薩摩・茶碗。左下／立体感のある筆致の桜花がインパクトを放つ京薩摩・蓋付小壺。

果敢なチャレンジ精神は、古い時代の京焼の一つ「京薩摩」を蘇らせることにも成功します。幕末から明治初期にかけてのわずか数十年の間だけ花開いた京薩摩は、豪華絢爛さと緻密さから、当時ヨーロッパで圧倒的な人気を博した「薩摩焼」を京都で模倣したもの。今は手掛ける窯元も描く人もなく、手法はもちろん、使われている絵の具も筆も解らない。それでも、明治期に作られた京薩摩の細部にまで目を凝らしては試行錯誤を重ね、見事、再現に至ったのです。

京都の陶工は、いつの時代も日本国中のあらゆる技術を採り入れながら、都の感覚で洗練させ、京焼を華麗で優美なものへと高めていきました。その代表である京薩摩は、薩摩焼に比べてより繊細で雅。都の伝統を礎にした美しさを備えたものでした。そして現在、小野さんが作る京薩摩は、人の手で描かれたとは思えないほど細やかで、花の絵柄と幾何学的な図柄が絶妙のバランスで融合しているのが魅力です。

「和洋の絵の具を使い分け、真っ白な状態から思いのままに描きます。桜に限らず花を好んで選ぶのは、パッと華やいで目に留めてもらえるから」。京の風物詩として普遍的な人気を誇る桜の絵柄も、四季を通して楽しめるように他の花々と並べたり、脇役としてそっと背景にあしらうなど、湧き出るアイデアによって七変化。

さらに、京薩摩を薄くて透明感のある磁器に替えてみたりと、日々の修業で培ってきた技を活かし、伝統を独創的にアレンジしながら生み出されていく作品の数々。次はどんな花が咲くのでしょう。

イラストレーション
石川美枝子
伊野孝行

写真
山口卓也
川隅知明

取材・執筆協力
伊藤英理子
谷口 馨(ワーズ)

デザイン
佐藤のぞみ(ish)

解説/執筆

小川和佑　おがわ・かずすけ
1930年東京生まれ。明治大学卒業。著書に『桜の文学史』(文春新書)、『桜と日本人』(新潮選書)、『桜と日本文化』(アーツアンドクラフツ)などがある。2014年9月永眠。

勝木俊雄　かつき・としお
1967年福岡県生まれ。東京大学農学系研究科修士課程修了。農学博士。森林総合研究所でサクラ研究を行なうとともに、全国規模でサクラの分類に取り組む。

清水まり　しみず・まり
情報誌勤務を経てフリーに。歌舞伎を始めとするエンタテインメントの分野を中心に、俳優インタビュー、作品や役柄に関する随筆、紀行文などを各媒体に執筆。

柳家さん喬　やなぎや・さんきょう
1948年東京都墨田区本所生まれ。67年五代目柳家小さんに入門、81年真打ちに昇進。落語を通して日本語や日本文化を伝える活動が評価され、2014年度国際交流金賞受賞。

中山圭子　なかやま・けいこ
東京藝術大学美術学部芸術学科卒業。卒論のテーマに「和菓子の意匠」を選ぶ。著書に『和菓子ものがたり』(朝日文庫)、『江戸時代の和菓子デザイン』(ポプラ社)など。

【参考文献】

第一章
『桜の文学史』小川和佑　文春新書
『日本人のこころ　桜讃歌』小川和佑　ビジネス社
『日本の桜、歴史の桜』小川和佑　NHK ライブラリー

第二章
『一度は見ておきたい名所の桜』庄子利男　河出書房新社
『大人の桜旅 2014』三栄書房
『桜が創った「日本」』佐藤俊樹　岩波新書
『桜の雑学事典』井筒清次　日本実業出版社
『桜の話題事典』大貫 茂　東京堂出版
『さくら百科』永田 洋・浅田信行・石川晶生・中村輝子　丸善
『櫻よ』佐野藤右衛門　集英社
『日本一の桜』丸谷 馨　講談社現代新書

第三章
『草木染の色物語』小室容久　社会評論社
『染め織りめぐり』木村 孝　JTB キャンブックス

＊ 第一章・識る：P19～53は故・小川和佑様のご遺族の了解を得て、著作『桜の文学史』などをもとに編集部で再構成したものです。
＊ 第三章・愛でる：P104～111「和菓子」はUC/セゾンカード会員誌「てんとう虫/express」2014年4月号（特集＝桜、しばし止めん）掲載の記事を執筆者により加筆修正の上、再録したものです。

写真提供・所蔵・協力
国立国会図書館（P17『桜花図譜 上巻』、P69・103『実用造花図譜』）
大和文華館（P22-23）
林原美術館（P26）
国立歴史民俗博物館（P31）
東京都立中央図書館特別文庫室（P34-35・P64）
森林総合研究所（P37・39）
松竹株式会社（P55）
田原市博物館（P59）
国立劇場（P62-63）
人形浄瑠璃文楽座むつみ（P62-63）
虎屋文庫（P108）
藤木伝四郎商店（P114）
工房夢細工（P119）

鎌形 久 / アイノア（P48-49・92-93）
JTB フォト（P81・88）
フォトライブラリー（P40-41・44-45・52・53・70-71・74-75・78-79・82・84-85・95・96-97・102）
ピクスタ（P91・98・99・100-101）

Afterword

Can you introduce people to the things that give Japan its charm?

What is appealing about Japan to you?

Once, Japan was known around the globe as an economic great power, but in more recent years there have been visible moves to emphasize the attractions of the country's culture to the outside world. Furthermore, people elsewhere have likewise been demonstrating great interest in Japanese culture these days.

Japan has a rich natural environment with a beautiful landscape that shows off the changing seasons. This combination has produced so many charming features that have been carefully maintained over the centuries that one could never count them all, spanning food, techniques of craftsmanship, performing arts, observances, and customs. The "soul" that our forerunners nurtured likewise remains a robust presence.

Some of the things that are a matter of course to we who were born and have grown up in Japan may even seem mysterious to non-Japanese. In that light, we ourselves want to first take a fresh look at what's appealing about Japan's natural environment and culture, learn it anew, and then pass on what we have learned down the generations and out into the wider world. That sentiment has been infused into the *Nihon no tashinami-cho* [Handbooks of Japanese taste] series.

It is our hope that this series will present opportunities for the lives of its readers to become more healthy and enjoyable, enrich their spirits, and furthermore for taking a fresh look at their own cultures.

編集制作
株式会社アダック

装幀
宇賀田直人

表紙カバー・帯図案
榛原聚玉文庫所蔵　榛原千代紙「朝桜」（桜色）

英訳
Carl Freire

日本のたしなみ帖
桜
2015年2月27日　第1刷発行

編者――『現代用語の基礎知識』編集部

発行者――伊藤滋
発行所――株式会社自由国民社
東京都豊島区高田3-13-10
03-6233-0781（営業部）
03-6233-0788（編集部）
03-6233-0791（ファクシミリ）

印刷――株式会社光邦
製本――新風製本株式会社